북쪽 언니들의 강점 내러티브

남북한 문화비교 총서

③

북쪽 언니들의 강점 내러티브

전주람 ─ 곽상인

한국학술정보

○ 들어가는 글

　남북한 문화비교 연구총서는 학계에만 국한되어 출간되는 연구물을 대중화할 필요가 있겠다는 기대로부터 기획되었습니다. 2020년 여름, 전주람은 학회지에 북한이주민의 생생한 증언을 담는 작업을 하고 있었습니다. 그때 한국학술정보출판사에서 연구자들이 그간 학술지면에 발표한 논문을 단행본으로 엮는 작업을 한다는 광고를 보게 되었습니다. 그래서 한국학술정보 이강임 팀장님과 만나, 딱딱한 북한 관련 총서에서 벗어나 북한이주민의 생생한 증언을 담아내는 방식의 남북한 문화비교 연구총서를 엮자는 데 의견을 모았습니다. 그간 북한이주민들의 심리사회적 자원을 시작으로 가족관계와 문화, 복지, 직장 생활 및 연애와 성과 사랑 등에 이르기까지 다양한 연구를 현장 인터뷰 방식으로 진행해 왔었는데, 그 내용을 남북한 문화비교 총서로 엮는다면 보다 많은 독자가 쉽게 내용을 접할 수 있지 않을까 판단했습니다.

　남북한 문화비교 총서는 '일상생활(daily life)'을 주된 연구 영역으로 삼았습니다. 북한이주민의 일상생활이 어떠한지 자세히 살피고자 했습니다. 이를 통해 북한이주민에 관하여 고정되어 온 부정적 편견과 고정관념을 걷어내고, 그들을 새로운 관점으로 바라보는 태도를 갖게 하고자 했습니다. 이 총서는 북한이주민이 누구인지에 관한 인식 제고의 전환점과 담론을 제공해 줄 것이라 기대합니다. 대한민국 국민이 북한이주민에게 쉽게 다가가고 그들을 이해할 수 있는 좋은 자료가 될 것입니다. 궁극적으로는 향후 남북한의 사회문화적 통합에 중요한 기초자료로 활용될 수 있을 것이라고 기대합니다.

프랑스 철학자 앙리 르페브르(Henri Lefebvre)는 일상생활을 인간의 전체성 관점에서 설명하였습니다. 자세히 보면 인간은 욕구의 차원, 노동의 차원, 놀이와 즐거움의 차원으로 존재가 파악되며 이 세 가지 요소가 유기적인 관계로 통합될 때에만 비로소 인간의 참된 모습이 현실화된다고 하였습니다. 즉 인간이 생존하기 위해서는 모든 물질적·신체적 욕구가 충족되어야 하고, 동시에 그의 욕구를 충족시키기 위하여 일하지 않으면 안 된다고 언급한 것입니다. 일상을 다루는 것은 결국 일상성을 생산하는 사회, 우리가 살고 있는 그 사회의 성격을 규정짓는 것이므로, 진지한 연구대상이 되어야 마땅합니다. 일상이 매일 되풀이되고, 보잘것없어 보이고, 지루한 업무의 연속처럼 느껴지고, 익숙한 사람과 사물의 잦은 마주침으로 가득 차 보일지 몰라도, 중요한 사실은 일상이 바탕에 있어야만 사건이 일어난다는 것입니다. 이처럼 일상생활 연구는 사회 전체에 대한 평가와 개념화를 함축하므로, 일상성을 하나의 개념으로만이 아닌 '사회'를 알기 위한 바로미터가 되기에 중요합니다.

따라서 남북한 문화비교 총서에서 북한이주민의 일상생활 모습을 전방위적으로 깊이 탐색하는 것은 사회문화적 통합 영역뿐만 아니라 실천적으로도 긴요한 일이라 할 수 있겠습니다.

총서 시리즈의 세 번째인 '강점 내러티브' 편은 가족학이라는 학문적 토대에 '북한'이라는 영역을 끌어들인 것입니다. (인)문학과 문화현상, 통일과 북한이주민에 대해 연구하고 있는 서울시립대학교 교양교육부 곽상인 교수님과 함께 북한이주민의 강점과 자원에 주목하였습니다. '일상생활'이라는 익숙하고도 낯선 단어를 북한이주민들과 엮어볼 때 어떠한 방식으로 풀어낼지에 관한 고민과 숙의의 과정에서, 그들의 일상 그대로를 생생한 언어로 구술하는 일이 보다 쉽게 독자들이 이 책의 내용을 이해할 수 있게 되리라 판단했습니다. 그 숙고의 여정 안에서, 두 연구자는 '강점과 자원'이라는 키워드를 중심으로 지식과 현장 활동 내용을 포함하여 집필하였습니다. 이 주제들은 이 책에서 세 편의 구조로 전개될 것입니다.

제1부에서는 강점이란 개념을 필두로 북한이주민에 대한 남한 사람들의 차별적 시선이 어떠한지, 그들의 강점과 자원 중심적인 패러다임이 왜 중요한지에 관해 기술하였습니다. 이는 북한이주민이 일상생활을 보다 안정적으로 영위하기를 바라는 마음에서였습

니다. 이를 통해 북한이주민을 바라보는 우리 사회의 차별과 한계는 무엇인지 사회적 이슈를 던지고자 했습니다.

제2부에서는 탈북여성들의 사례를 들어, 그들이 지닌 강점과 자원을 증언방식으로 정리했습니다. 그들의 증언을 통해 사회적 낙인의 대상이었던 북한이주민이 강점과 자원을 마련하기 위해 어떠한 노력을 하였는지 살펴볼 수 있었습니다. 요컨대 남북한 문화 비교 총서는 남북인이 조화롭게 어울릴 수 있는 일상문화를 찾아가는 데 중요한 기초자료가 될 것입니다.

2024년 3월
서울시립대학교에서
전주람 · 곽상인

○ 목차

제1부

북한이주민과
강점 내러티브

○

　이 장에서는 '강점'이라는 개념을 필두로 탈북청년들에 대한 남한사람들의 차별적 시선이 어떠한지, 그들의 '문제'에 초점을 둔 시각에서 벗어나 강점과 자원 중심적인 패러다임이 왜 중요한지에 관해 기술하고자 한다. 북한이주민이 증가하는 한국사회에서 그들의 일상생활이 보다 안정되기를 바라며 몇 가지 사회적 이슈를 던지고자 한다.

제1장 상대적 빈곤에 갇힌 탈북청년들

북한을 떠나 한국으로 온 탈북청년들은 어떠한 일상을 보내는가. 오원환(2011)은 〈탈북청년의 정체성 연구: 탈북에서 탈남까지〉라는 자신의 연구에서 탈남하는 탈북청년들의 배후에 자리 잡고 있는 의미를 분석하며, 탈남 동기를 문화적 이질성, 경제적 빈곤과 불안, 사회적 관계망의 부실, 정체성 혼란, 가치관의 급격한 변화, 디아스포라적 경험 등 여섯 가지로 분석했다. 탈북청년들은 경쟁 사회 속에서 빈곤과 차별적 시선으로 정체성의 혼란을 겪고 있다. 그들은 한국사람보다 몇 배나 더 노력해야 한다고 다짐하면서도 쉽게 따라가지 못하는 현실 속에서 좌절하고 실망하고 있다.

1. 한국사회, 차별과 무시가 조금 나아진다고는 하나…

최근 2023년 북한이주민 실태조사 결과에 따르면, '차별 또는 무시당한 경험'에 대해 '있음' 응답은 조사 이래 최저치를 기록했다(남북하나재단, 2023). 이러한 결과는 한국사회에 거주하는 북한이주민들에 대한 남한사람들의 시선이 바뀌어 가고 있음을 증명하는 것이거니와, 사회통합 수준이 조금이나마 개선되고 있는 것이라고 할 수 있다. 하지만 코로나 시기 전후에 한국으로 넘어온 북한이주민들을 직접 만나 인터뷰하여 증언을 얻는 과정과 선행연구들을 종합해보면, 북한이주민 당사자들은 여전히 차별과 멸시로부터 자유롭지 못한 실정이다.

남북하나재단(2023)에서 북한이주민들이 차별받고 무시당한 이유를 자세히 살폈더니, '문화적 소통방식이 다르다는 점'이 72.8%로 가장 많았고, '북한이주민에 대한 부정적 인식'이 45.5%, '전문적 지식과 기술 등에 있어 남한사람보다 능력 부족'이 16.4%로 뒤를 이었다. 반드시 차별 같은 부정적인 인식이 아니더라도, 2017년-2018년 탈북한 청년들을 만나보면 그들은 한국출생자들과는 분명 다른 정체성을 지니고 있었다(전주람, 손인배, 2023). 예컨대 그들은 한국에서 소수자로 살아가며 심리 내외적 갈등을 겪고, 스스로 '북한사람'인지 '남한사람'인지 '북한 출신 남한사람'인지 등을 자문하며 혼돈의 과정을 거치고 있다.

북한이주민을 향한 남한사람들의 차별적 시선은 의식적 영역뿐아니라 무의식적 영역에 이르기까지 직·간접적으로 잘 드러나지 않을 수 있다는 점에서, 마이크로어그레션(microaggression)[1]으로 설명할 수 있다. 남한사람과 다른 억양과 말투, 국가체제와 문화적 차이, 경험과 사고체계의 차이로 인해서 두 집단 간에는 거리감이 존재한다. 이 때문에 남한 주민은 북한이주민들을 이방인으로, 불쌍한 연민의 대상(강주원, 2003)으로 바라본다. 즉 북한이주민들은 남

---

1 마이크로어그레션(microaggression)이란 '아주 작은'이라는 뜻의 마이크로(micro)와 '공격'이라는 뜻의 어그레션(aggression)의 합성어로 일상생활에서 흑인, 동양인, 동성애자 등 소수자를 차별하는 것을 말한다. 직역하면 미세 공격이라는 뜻으로, 의도적으로 한 말이나 행동이 아니어도 상대방이 모욕감이나 적대적인 감정을 느끼면 마이크로어그레션에 해당한다. 예컨대 흑인 학생이 자리에 앉으면 백인 학생들이 일부러 흑인 학생과 멀리 떨어진 자리로 옮기는 것, 아시아인은 일을 열심히 하거나 성공했다고 생각하는 것 등이 이에 속한다[시사상식사전, 2016].

한사람으로서의 신분이 주어짐에도 불구하고 여전히 북한에서 이주한 가난하고 열등한 자로 취급받는다. 이 시선 때문에 북한이주민은 정체성을 갖기가 어렵고, 경제적으로나 심리적으로 안정을 찾기가 어렵다.

2. 나와 다른 사람들: 열등감과 불안

탈북청년들은 학습능력, 어린 시절의 풍부한 문화 경험, 부모의 경제적 지지와 여건 등 여러 면에서 남한 출생자와 동등하지 못하다고 인식하는 경우가 많다. 그로 인해 탈북청년들은 열등감, 불안 및 초조함 등 부정적인 정서를 경험하곤 한다. 그들은 한국사회에서 여러 이유로 스트레스를 경험하는데, 이러한 문화적응 스트레스는 우울감을 높이거나 불안 요인을 유발(김린, 박세훈, 박경자, 2018; 이민지, 장혜인, 전진용, 2016)한다. 예컨대 필자가 만난 20대의 한 탈북여성은 자신과 비슷한 연령 또래가 고가의 집을 매매하는 과정을 전해 듣고 자신은 죽을 때까지 그 여성이 구매한 집을 사지 못할 것 같은 두려움과 열등감에 사로잡혔다고 했다. 또한 그녀는 대중교통을 이용하는 일, 마트에서 포인트 카드를 만들거나, 병원을 이용하는 일 등 소소한 일상을 모두 배우고 적응해야 할 과정이었다고 설명하였다. 특히 학업과 진로, 직업적 측면에서도 그들은 북한에서의 경력이 한국사회에서는 인정받기가 어려워서 어떠한 일이든 자격을 갖추는 과정부터 시작해야 한다고 말했다. 그리고 취업에 성공하더라도 지속적으로 그 일을 하기 위해서는 남한 출생자들보다 수십 배는 더 노력해야만 한다고 증언했다.

3. 경쟁 사회에서의 상대적 빈곤을 겪는 청년들: 경제적, 문화적 차이

2023년을 기준으로 한국사회에 거주하는 북한이주민은 약 3만 3천 명에 달했다. 성별로 보면 여성이 약 70% 이상으로 상당히 높은 비율을 차지한다는 점과 연령별로 보면 20-30대 청년층이 약 57%로 과반수를 차지한다는 점(통일부, 2023)이 특징적이라 하겠다. 탈북청년들은 남한사회의 정치적, 경제적 주체자이자 먼저 온 통일의 주역이다. 그들의 안정적인 정착은 미래 한국의 통일 방향성을 예측할 수 있다(장민수, 이재철, 2016; 정영선, 2018)는 점에서 매우 중요하나, 상대적으로 젊은 층에 대한 연구가 미흡하다는 점은 문제적이라 하겠다.

탈북청년들은 남한으로 오게 되면서 남한 주민들과의 경제적 격차로 상대적인 빈곤을 극심하게 경험한다(정영선, 2018). 탈북청년들은 북한에서 겪은 가난을 불편하다고 생각하지 않았고, 진로나 취업에 대해서도 큰 고민을 하지 않았다.(정영선, 2018).

아울러 탈북청년들이 경험하는 상대적 빈곤은 경제적 측면에서 그치는 것이 아니라 문화적 차이에서도 발생했다. 예컨대 남한 문화에 적응하려면 영어 구사 능력, 경제적 지식 또는 법률지식 등이 필요한데, 이러한 역량이 부족하여 취업 시 남한출생자들에게 밀리는 경우가 많았다. 이에 북한청년들은 전문직에 종사하지 못하고 단순노동일을 하는 곳을 찾는 경우가 많았다고 한다. 이러한 능력을 갖추기 위해 탈북청년들은 대학교육을 선택하나, 이마저도 동기들과의 나이 차이, 학력 격차 등으로 인해 상대적 박탈감과 소외감을 경험하고 있다(심양섭, 김현주, 2015).

4. 그럼에도 불구하고, 고유한 정체성을 찾아 나서며…

일부 탈북청년들은 남한사회의 일원이 되기 위해 정서적인 안정을 찾으려고 노력하고, 또는 소속감을 갖기 위해 일터로 나간다. 그런 후 그들은 대한민국의 당당한 일원으로 정체성을 확보해간다. 그들은 적극적으로 가시적, 비가시적 자원을 설계하고 관리해나가며, 한정된 시간을 효율적으로 관리해나간다(전주람, 손인배, 2023). 이 과정에서 탈북청년들은 가족 성분 중심으로 움직여오던 생활 방식에서 벗어나 자기선택권의 강화, 자기 가치관의 반영 등 자신만의 고유한 생활 방식을 형성해나간다. 그 과정에서 탈북청년들은 경제적 안정을 확보해나가며, 타자와의 관계를 통해 자신을 성장시켜 나간다.

탈북청년이 한국사회에서 성공적으로 살아가기 위해서는 일차적으로 자신의 일상을 건강하게 영위할 필요가 있겠다. 우리도 건강한 일상을 유지하는 탈북청년 사례를 다양하게 발굴하고, 그들의 심리적 강점과 자원, 지표를 파악할 필요가 있겠다.

제2장 탈북청년들을 바라보는 강점패러다임

1. 강점패러다임의 중요성

분단 73년. 남북은 갈라져 있는 시간이 길어지면서 문화적 격차도 커졌다. 전쟁과 분단의 역사적 비극은 지울 수 없는 사실이 되었으며, 남북관계 개선과 평화통일은 해결해야 할 과업으로 남았다.

북한이주민을 위한 정책과 학계의 여러 노력에도 불구하고, 남한사람들은 이들을 '가난한 자', '불쌍한 자', '북한 사람', '북한 출신 남한 사람', '친밀하나 가족처럼 초대하기는 어려운 사람' 등으로 인식하고 있다. 이러한 시선은 북한이주민들이 남한사회에 적응하는 데 불편을 주기도 하며, 그들의 정체성을 혼란스럽게 만드는 요인이 되기도 한다. 심한 경우에는 다른 나라로 망명하는 사태를 초래하기도 한다.

앞으로도 북한사람들과 남한사람들은 다양한 모습으로 상호작용하며 살아갈 것이며, 경험과 사고 체계의 차이로 인해 문화적 격동기를 맞이할 것이다. 이러한 역사적 시점에서 북한이주민들에 대한 남한사람들의 시선을 점검하는 일은 매우 중요한 일이다. 우리는 분단의 아픔을 딛고 일어서서, 다른 경험과 인식 체계를 공유하고 서로 발전을 도모하는 역사적 책임의식과 사명을 지녀야 할 것이다. 이러한 문제의식 하에서, 연구자는 북한이주민이 남한사회에 적응하기 위해서 필요한 요건인 '정착'과, 기능적인 자립을 위한 '강점 패러다임' 및 '자원' 발굴을 우선 과제로 내세우고 싶다.

강점관점이란 북한이주민을 문제적으로 바라보는 것이 아니라, 그들이 지닌 강점과 자원을 살피는 것이다. 즉 자기 일과 세상에 대한 사고방식인 관점 자체를 말한다. 이 관점이 북한이주민 관련 연구와 실천현장에서 성공적으로 적용되고 활용되기 위해서는 그 내용과 원칙을 이해할 필요가 있다. 그래야만 그들의 성공적인 정착과 강점 및 자원발굴을 끌어낼 수 있을 것이다.

1) 강점관점의 대표적 학자:
마틴 셜리그만(Martin Seligman)과
데니스 세일비(Dennis Saleebey)의 강점관점

심리학 관련 연구에서 강점관점의 대표적 학자로 셜리그만(Martin Seligman)과 데니스 세일비(Dennis Saleebey)를 꼽을 수 있겠다. 이들의 관점은 북한이주민들의 강점과 자원 중심적 접근, 연구와 실천현장에서 연구자가 어떠한 태도를 지녀야 하는지에 대한 지혜를 주기에 참고할 만하다.

마틴 셜리그만(Martin Seligman, 1942년 8월 12일~)은 미국의 긍정심리학자이다. 그는 회복탄력성과 낙관주의, 비관주의 등으로 행복을 설명한다. 아울러 자신의 성격적 강점을 발휘하고 사는 것은 삶의 질을 높일 수 있다고 주장하였다(Seligman, 2002). 더불어서 노력을 통한 성취감, 친밀한 대인관계, 삶의 의미가 행복한 삶에 있어서 중요한 키워드임을 발견하였다.

데니스 세일비(Michael Dennis Saleebey, 1936년 8월 29일-2014년 7월 16일)는 2001년 강점관점을 여섯 가지 주요 개념으로 설명한 바 있다. 첫 번째로 임파워먼트이다. 이 개념은 개인, 집단, 가족 및 지역사회가 내부 또는 외부에 지닌 자원을 발견하고 확장하도록 돕는 과정을 말한다.

두 번째, 소속감이다. 사람은 자기가 가족과 지역사회의 구성원임을 인식하고 소속감을 지닐 때 자신의 소중함, 존중감과 책임감을 갖게 된다. 따라서 조직의 구성원으로 소속되어 권리와 책임을 갖고 안전함 속에서 행복감을 추구해야 한다.

세 번째, 레질리언스이다. 이 개념은 심각한 문제와 역경에 직면했을 때, 이를 극복하고 이겨낼 수 있는 신념을 말하는 용어다. 이를 통해 우리는 적극적으로 성장해나갈 수 있는 기회를 만나게 된다.

네 번째, 치유이다. 인간 유기체는 스스로 치유할 수 있는 능력이 있다. 사람들이 혼란과 질병 등 어려움에 처할 때 자신의 신체와 마음이 전체적으로 건강하다는 것을 신뢰하는 것이다.

다섯 번째, 대화와 협동이다. 대화는 동정, 동일시, 타협, 적응, 다른 사람을 참여시키는 것을 포함한다. 실천가들은 상담자, 중재자로 내담자와 협동하는 것이 중요하다.

마지막으로 불신의 종식이다. 이는 그들의 내적인 힘이 될 수 있는 강점과 자원을 신뢰하는 것에 가치를 두는 것이다.

데니스 세일비는 사회복지와 상담 실천현장에서 강점관점의 중요성을 강조했지만 이 개념은 북한이주민을 연구하는 데 적용하면 유용할 것이라 판단한다. 강점 지향적인 관점(strength perspective)은 무엇보다 북한이주민들의 상실된 힘을 회복시키고 강점과 잠재력을 밝혀내고 적극 활용함으로써 내면의 동기나 정서적 힘, 또는 잠재력을 극대화해줄 것이다. 북한 관련 연구자와 실천가들은 북한 이주민들을 우리와 동등한 인격적 존재로 봐야 한다. 그리고 그들의 능력과 가능성, 가치와 희망을 드높이는 데 노력해야 할 것이다.

2) (사례로 살펴보는) 한 청년의 일상: 후회 없이! 긍정, 긍정과 열정의 아이콘 한지민 씨(20대 초반, 여성, 간호학과 재학 중)[2]

사회자: 통일열차 서울통신 열심히 살고 있는 탈북인과 남북관계 발전을 위해서 애쓰고 있는 분들을 만나봅니다. 리포터입니다. 안녕하세요.

정수진: 안녕하세요

사회자: 오늘은 어떤 분을 만나볼까요?

정수진: 오늘은 자신의 꿈을 위해서 성실하게 생활하고 있는 탈북인 청년을 소개해 드리려고 합니다. 6년 전에 탈북해서 2018년에 한국에 온 한지민 씨인데요, 그때가 18살이었으니까 고등학교 2학년이 돼야 하지만 북한에서 한국에 온 것이기 때문에 고1로 다시 시작했습니다. 사실 한국과 북한은 이 공부 체계, 학교 분위기 여러 면에서 달라서 처음에는 한국에 적응하랴 학교와 친구들에게 적응하랴 그 시간이 어떻게 지나갔는지 모를 정도로 바쁘게 보냈습니다.

사회자: 10대 후반이면은 이른바 질풍노도인데 그렇죠 좀 혼란스럽지는 않았대요?

---

2 2021년 3월 5일 〈KBS 통일열차〉에 방영된 라디오 프로입니다. 당시 담당 PD와 작가의 동의를 얻어 그 내용을 이 책에 수록하였음을 밝히며, 모든 사례의 이름은 방영된 프로와 동일한 이름으로 가명 처리하였습니다. 녹취록 전사는 허유건 연구보조원이 맡아 진행해주셨습니다.

정수진: 한지민 씨도 차라리 아예 어릴 때 오거나 아니면 성인이 된 후에 왔다면 더 좋았겠다 하는 생각을 많이 했는데요. 지민 씨의 학교생활은 어땠는지 직접 들어보시죠.

한지민: 일단 조금 더 전에 왔으면 공부를 체계적으로 배웠거나 또 후에 왔으면 아예 그냥 일자리 나가지 않았을까, 고등학생 때에 와 가지고 체계적인 게 아니라 그냥 공부 좀 배우려고 하니까 입시 준비 때문에 거기에 몰려 있던 그런 느낌이어서, 너무 그래서 항상 '좀 나이 들어서 왔으면 내가 고등학교 안 다녀도 되니까 그냥 그때 바로 취업 준비하고 이러지 않았을까'라는 생각에 아쉬움이 있었습니다. 학교의 문화도 되게 많이 달라 가지고 일단 급식 먹으러 가는 문화가 없어 가지고 그것도 되게 많이 그랬고 친구랑 친해지지도 않았는데 밥 먹으러 가서 혼자 이렇게 말뚝말뚝 먹는 것도 좀 너무나 낯선 분위기여 가지고 많이 어색했던 것 같아요. 저는 어디서 왔다는 걸 사실 부끄럽게 생각한 적이 없어 가지고 친구들한테 다 어디서 왔다고 얘기를 했고 오픈했는데 친구들이 저를 받아들이지 못하더라고요.

정수진: 네, 1학년 때는 적응을 하다 보니까 1년이 금세 지나갔는데요. 그 1년 동안 친구들과 친해지지 못했고 결국은 전학을 갔는데 그런데 전학을 가서는 본인이 탈북인임을 밝히지 않고 생활을 한 거예요. 이후 고등학교 2학년 3학년은 대학 입시를 준비하느라 그 분위기에 맞추다 보니 내 생활을 한다기보다는 주어진 환경에 맞추기에만 급급했던 그런 시기였습니다.

사회자: 본인이 이제 꿈을 향해서 성실하게 생활을 해왔다고 하는데 어떤 꿈이었어요?

정수진: 네, 지금 간호학을 공부하고 있는 대학생입니다. 북한에 있을 때부터 교사와 간호사 두 가지 진로를 염두에 두고 있었는데요. 교사라는 직업은 어릴 때 그 동네 아이들을 가르쳤던 기억이 너무 좋았고, 특히 그 가르칠 때의 그 즐거움과 보람을 느꼈기 때문에 교사를 할까 하는 생각을 했던 겁니다.

한지민: 교사는 누군가를 가르치는 게 되게 재미있거든요. 그러니까 저한테 있
는 지식을 남한테 가르쳐주고 그 사람이 그 지식을 알고 또 써먹고 하
는 게 좀 흥미로웠어요. 어릴 때는 이렇게 동생들 놓고, 그러니까 제 동
생은 아닌데 고향에는 이렇게 마을 문화잖아요. 여기는 아파트 문화여
가지고 밑에 집이랑 왔다 갔다 이렇게 그런 게 없는데 고향에는 좀 옆
집도 친하고 아랫집 지나고 막 이렇게 돼 가지고 숙제랑 저희 집에 가
지고 오면 제가 가르쳐주고 이랬어 가지고 그런 경험이 있었을 때 그
땐 정말 재밌었던 것 같아요. 그래서 너무 나는 교사를 하고 싶고 그리
고 어떻게 나는 남보다 더 재미있게 가르치고 더 이렇게 알기 쉽게 가
르칠까 이런 거를 되게 고민하고 있었고 난 이렇게 가르쳐야지 이런
게 되게 꿈이었어요. 근데 크면서 나보다 천재들이 많다는 것을 느끼
게 됐어요. 나는 한계가 있겠다. 교사로서는 누구한테 스승이 되어야
되는데 만약에 내가 그 제자보다 할 수 없는 한계가 되었을 때 저한테
너무 비참하고 그런 감정이 올 것 같더라고요.

정수진: 네, 그러니까 재미있게 가르치는 방법 또 알기 쉽게 가르치는 방법까
지 고민을 할 정도로 가르치는 일에 진심이었는데요. 그런데 나중에
한계를 느끼게 된다면 이 스승의 자질이 없겠다 하는 마음에 교사의
꿈을 접게 됐습니다.

사회자: 안타까울 수도 있는, 하지만 젊으니까요. 그럼요. 그럼 간호사의 꿈은
어떻게 갖게 됐을까요?

정수진: 누군가에게 헌신하는 게 남들은 힘들다고 하지만 지민 씨는 힘들다고
느낀 적이 없었고요. 나로 인해서 아픈 분들이 조금이라도 나아지고
웃는 걸 볼 때 이 일이 나한테 맞겠다 하는 생각을 하게 됐습니다. 그래
서 한국에 와서 이 대학을 진학할 때부터 간호학과로 결정을 했고요.
지금 열심히 공부를 하고 있는데 특히 장애인 봉사 활동을 많이 하면
서 이 간호사의 꿈이 더 확고해졌다고 합니다.

한지민: 제가 장애인 봉사 활동 같은 걸 되게 많이 다녔어요. 근데 그 장애인
분 체구가 엄청 큰데 공황장애 있는 분들은 되게 무서워서 걷지를 못하

는데 제가 있으면 걷더라고요. 그래서 내가 체구가 작은데 이런 사람들한테 이렇게 걸을 수 있게끔 도와줄 수 있구나 라는 것을 되게 많이 봉사활동 다니면서 느꼈어요. 그냥 이렇게 어떻게 가야 되는데 혼자 절대 못가더라고요. 근데 제가 "괜찮아요. 괜찮아요." 같이 가면 된다고 이렇게 얘기하니까 의지를 하더라고요. '나한테 이렇게 옆에 도움이 될 수 있는 사람이 있어'라는 그런 걸 가지고 있더라고요. 길을 가다가 차 사고 당해서, 혼자 걸어가는 것을 어려워하는 사연을 들으면 그들에게 도움이 될 수 있겠다는 생각에 교사보디는 더 끌렸던 직업이었던 것 같아요. 그리고 도와줄 때 즐겁다는 느낌이 저한테는 너무 좋게 다가와 가지고 그랬던 것 같아요.

정수진: 네, 남을 도와주는 그 자체가 즐겁고 행복하다고 하니 간호사를 하면 잘할 것 같고요. 또 봉사하는 걸 좋아하는데 간호사가 되면 교사보다는 봉사할 기회가 더 많을 것 같아서 간호사라는 진로에 더 마음이 갔습니다. 그런데 간호사가 누군가를 돕는 마음만 있다고 해서 되는 게 아니라 전문 지식을 갖춰야 하잖아요. 그래서 학과 공부에 매진을 하고 있는데 공부가 또 만만치가 않습니다.

사회자: 지금 몇 학년인지, 공부가 많이 어렵대요?

정수진: 이제 3학년이 되는데요. 사실 지민 씨가 고등학교 공부를 제대로 이해하지 못한 채 대학에 진학을 했잖아요. 기본부터 차근차근 배우고 이해하고 다음 단계로 넘어가야만 했는데 고1 그러니까 이 1년은 적응하느라 그냥 지나가고 2~3학년은 입시 준비하느라 이렇게 또 지나가다 보니까 공부다운 공부를 못했던 겁니다. 특히 영어가 더 그랬는데요. 그래서 지난해에 2학년을 마치고 올해 1년은 휴학을 해서 그동안 못했던, 그러니까 부족하다고 느꼈던 이 공부에 매진을 또 했습니다. 영어 문법도 제대로 공부를 하고 무엇보다 대학생이라면 꼭 해야 할 이 토익 점수를 위해서 노력하는 그런 한 해가 됐는데요. 관련 내용 들어보시죠.

한지민: 처음부터 일단 제가 영어 공부를 체계적으로 해본 적이 없어요. 외우기는 외우지만 체계적으로 외우는 느낌이 아니라 이렇게 이 단어가 나왔으니까 이 단어를 외워야지 저 단어 왔으니까 저 단어를 외워야지 이런 문법이 나왔으니까 이런 문법을 통째로 외워버려야지 이렇게 했지 이런 문법의 원리가 어떤 원리인지는 이해를 못하고 했던 것 같아요. 그래서 영어가 제일, 가져가고 싶은 과목인데 체계적으로 잡히지 않아 가지고 휴학했을 때는 일단 토익에 집중하는 것보다 문법에 집중했던 것 같아요. 어떻게 읽고 어떻게 말하고 이런 거를 좀 집중적으로 했고 그리고 여름방학 지나서 토익을 지금 하고 있는데 아직 좋지는 않지만 그래도 하면 배신하지 않는다는…하면 할수록 느는 게 언어더라고요. 그래서 꾸준히 하고 있습니다. 남들한테 이렇게 알려주려고 해도 기본이 탄탄해야 무너지지 않는 거를 많이 느꼈기 때문에 그렇게 하려고 했던 것 같습니다.

정수진: 학기 중에 학과 공부를 하면서 영어까지 공부하기는 힘들었기 때문에 1년을 휴학을 한 건데요. 하면 된다, 땀은 배신하지 않는다 하는 각오로 1년이라는 시간을 알차게 보냈습니다.

사회자: 이분 말씀하시는 거 보니까 좀 의욕이 있고 욕심이 느껴지는데요.

정수진: 맞아요. 한국에 왔을 때 적응을 하는 데 바쁘다 보니까 공부가 잘 안됐던 거고요. 조금 더 한국에 빨리 왔다면 더 제대로 공부하지 않았을까 하는 후회를 하기도 하는데 뭐 아직 20대 초반이잖아요. 젊으니까 시간은 많아 이렇게 지금이라도 열심히 하면 된다 하는 생각으로 긍정적으로 생활을 하고 있는 중입니다.

사회자: 그러니까 1년이라는 시간 동안 이제 휴학을 한 게 좀 도움이 됐을까요?

정수진: 그렇죠, 그러니까 사실 지금 1년을 쉬어도 넓게 보면 그렇게 큰 시간은 아닌 거잖아요. 그러니까 삶에 지장이 안 될 거라는 그런 생각으로 휴학을 한 거고요. 다행히 또 간호학이라는 공부가 적성에는 잘 맞고 있습니다. 특히 실습을 할 때 성적이 잘 나온다고 하는데 이제 3학년이

되면 또 현장에 가서 실습을 하거든요. 근데 이 현장 실습은 설레기도 하지만 또 한편으로는 부담이 된다고 합니다.

한지민: 마네킹을 실습대상으로 놓고 하거든요. 근데 일단 주사 놓는 것도 있고, 관장하는 것도 있고, 아니면 수술 거즈를 치우는 것도 있고, 이런 게 되게 다양한데 그런 걸 다 할 때 제 머릿속에 순서가 다 기억이 나더라고요. 그러니까 뭐부터 해야 되고 뭐부터 해야 되고 이런 게 되게 기억에 남고 또 관장이 제가 실습에 걸렸었는데 그거 되게 잘 받아 가지고 A+ 나왔던 것 같아요. 그리고 3학년 때부터는 병원 실습으로 나가고 있어요. 설렘도 있지만 내가 어떻게 그 환자분을 대해야 하는지, 그 사람의 기분을 파악해야 되고 이런 것들이 좀 두렵지 않을까 하는 생각이 들어요. 또 저희를 가르치는 교수님이랑 어떻게 의사소통을 해야 잘한다는 소리 들을 수 있을까 이런 강박증이 되게 오는 것 같아요.

정수진: 네, 지금 이 현장 실습을 두려워하고는 있지만 잘할 것 같은데요. 사실 공부를 하는 만큼 학점이 잘 안 나와서 속상하긴 한데 그래도 이 실습 성적은 잘 나오고 있으니까 일단 내년에 복학을 하면 이론 공부에 더 매진할 계획입니다.

사회자: 요즘에 대학은 보통 4년제도 5년 6년 다니는 경우 많거든요. 이제 그 한 번뿐인 인생에서 중요한 선택을 앞두고서 이 정도의 숙고를 하는 시간은 필요하다고 생각합니다.

정수진: 네 사실 한국에서 가장 좋았던 게 북한과는 다르게 뭔가를 하면 할수록 그 보상이 주어지고 행복해진다는 거였습니다. 봉사하면 즐거움이 얻어지고 아르바이트 하면 소득이 생기고 학교는 다 개근을 하면 또 상도 주고요. 그러니까 이런 걸 다 받고 싶어서 이 학교도 열심히 다니고 싶은 건데요. 앞으로 어떤 간호사가 되어야지보다는 어떤 사람이 되어야지가 더 중요하다는 그런 생각에 그런 마음을 품고 성장을 하려고 합니다.

한지민: 그 자리에서 최선을 다하는 사람, 그런 사람이 되고 싶은 것 같아요. 만약에 간호사의 자리에서 최선을 다하는 사람, 어떤 자리에 있든 그런

융통성? 그런 게 있어야 돼 가지고. 아빠가 옛날에 교사였어요. 그래서 항상 "바르게 살아, 바르게 사는 사람에게는 항상 긍정적인 마인드 갖게 된다."고 가르쳤어요. 일단 한국에 와서 보니 너무나 큰 길이 있는 거잖아요.

정말 생각지도 못했던, 내가 할 수 있는 선택권이 너무 많이 주어지고 후회 없이 여기서 다 하고 싶은 것 같아요. 그러니까 제가 하고 싶은 것들 한 번은 사업 같은 것도 해보고 싶고, 공부도 더 해서 약사도 따고 싶고, 약도 좋아해 가지고 부작용이 뭐지, 이건 어디에 좋지 또 이런 거는 어떤 사람이 복용해야지, 이런 걸 또 너무 좋아해 가지고 그런 약 공부도 한 번 더 해보고 싶어요. 그리고 외국에 가 가지고 미국 간호사도 한번 해보고 싶고, 하고 싶은 게 되게 다양한데 나중에 그런 거는 선택해야 될 것 같아요.

한지민: 저한테 주어진 상황 조건들에 맞춰서 더 열심히 살아가는 사람이 되겠습니다.

정수진: 네, 이 간호사라는 직업도 갖고 싶고 또 약품에 대한 공부도 하고 싶고 사업도 하고 싶고 또 미국 간호사도 되고 싶고. 한국은 근데 그 길이 많은 나라니까 후회 없이 하고 싶은 거 다 하고 싶다고 하는데요. 앞으로도 지금처럼 긍정적인 마인드로 생활을 한다면 하고 싶은 일 충분히 다 해낼 것 같습니다.

사회자: 젊은이의 야망, 얼마나 좋아요?

정수진: 정말 20대 초반이면 뭐든지 할 수 있을 것 같아요. 그렇죠.

사회자: 지나고 보니 또 그렇다는 생각이 들고요. 지금까지 정수진 리포터였습니다. 고맙습니다.

‖ 참고문헌

강주원(2003). 탈북자 소수집단에 대한 남한 사회의 구별 짓기. 한양대학교 대학원 석사논문.

김린 · 박세훈 · 박경자(2018). 북한이탈청소년의 스트레스와 사회적 지지가 우울 및 불안에 미치는 영향. 청소년학연구, 21(7), 55-87.

남북하나재단(2023).

심양섭 · 김현주(2015). 탈북청소년의 한국사회 적응과정의 문제점과 해결방안. 40(1), 북한학보. 36-66.

오원환(2011). 탈북청년의 정체성 연구: 탈북에서 탈남까지. 고려대학교 대학원 박사학위 논문.

이민지 · 장혜인 · 전진용(2016). 차별지각, 문화적응, 문화적응 스트레스가 북한이탈주민의 우울에 미치는 영향: 매개된 조절 효과를 중심으로. 한국심리학회: 여성, 21(3), 459-481.

장민수 · 이재철(2016). 북한이탈주민 젊은 세대는 행복한가? 삶의 만족도 및 삶의 만족도를 결정하는 요인 분석. 社會科學硏究, 42(2), 277-301.

전주람 · 손인배(2023). 20-30대 탈북청년들의 생활양식과 그 의미에 관한 연구: 하루 일과 탐색을 중심으로. 10(2), 한국이민학.

정영선(2018). 북한이탈청년이 인식하는 차별 경험에 대한 현상학적 연구. 한국청소년연구, 29(4), 113-147. 통일부. 2023. https://unikorea.go.kr/unikorea/business/NKDefectorsPolicy/status/lately.

Pmg지식엔진연구소(2016). 시사상식사전, 박문각.

Seligman, M. E. P.(2002). *Positive psychology, positive prevention, and positive therapy*. Oxford University Press.

Saleebey, D.(2001). *Human behavior and social environments: A biopsychosocial approach*. Columbia University Press.

제2부

(탈북여성들의
증언으로 살펴보는)
탈북여성들의 자원,
강점과 힘

다시 만난 두 연구자

과연 여유로운 삶이 있을까. 두 연구자(곽상인과 전주람)에게도 이 물음은 똑같이 적용되었고, 아니나 다를까 각자의 자리에서 두 사람은 분주하게 자기 연구를 하고 있었다. 그런데 재밌는 것은 각자의 자리를 살아가고 있었으나 공교롭게도 같은 자리를 살아가고 있었다는 점이다. 그러니까 전주람은 그간 가족이라는 미시체계연구를 중심으로 탈북청년, 탈북청소년들과 만남을 지속해오고 있었고, 곽상인은 북한작가 박일문의 아동문학, 장해성의 『두만강』, 강주원의 『압록강은 다르게 흐른다』, 경화의 『나의 살던 북한은』 등등의 소설과 에세이집을 읽고 있었다. 그러면서 각자의 연구결과를 완성해가고 있는 중임을 확인했다. 일상의 궤도는 달랐으나 연구의 궤도는 같았다는 것, 그것이 우리 두 사람을 다시 만나게 한 계기가 된 것이다. 고로, 북한 관련 연구는 지속되어야 함을 재확인했다.

생생한 인터뷰 혹은 거침없는 대화들

이번에는 북한청년들이다. 『절박한 삶』에서 만났던 중년의 여성들과 또 다른 긴장이 밀려오는 느낌이다. 북한에서 입남한 청년들은 어떤 언어를 쓸까 무척이나 궁금했다. 북한 사투리를 쓸지, 아니면 한국 표준어를 쓸지, 행동은 거칠지, 아니면 순할지, 인터뷰 과정에서 협조적일지 비협조적일지 등등. 그런데 이러한 걱정과 다르게 다소 놀라웠던 것은 북한이주청년도 젊은 세대답게 한국 표준어를 포함해서 한국문화에 깊이 빠져있었다는 것이다. 환언하자면 '북한에서 넘어온 청년입니다'라고 말하지 않으면 그냥 한국사람일 것 같은, 그러한 자연스러움이 곳곳에 묻어났다는 것이다. 인터뷰를 할 때에도 한국청년들이 일상에서 쉽게 내뱉는 비속어나 은어도 종종 썼다. 일례를 들자면 "빡친다"가 그렇다.

질주하는 청년들

어떤 교수는 '아프니까 청춘'이라고 했다. 이 말을 뒤집어보면 청춘이니까 아플 수도 있고, 아파도 된다는 의미가 내포된 듯하다. 젊음을 예찬하는 과정에서 만들어진 낭만적인 언사가 아닐까 싶다. 그런데 탈북청년들에게 젊음과 아픔과 청춘을 예찬할 수 있을까. 이들은 목숨을 걸고 두만강 또는 압록강을 건너온 사람들이 아닌가. 이들에게는 젊음과 아픔과 청춘보다 자유의지를 확보하는 것이 보다 더 강렬했던 것은 아닐까. 어쩌면 이들에게는 목숨을 걸었으니까 젊음과 아픔과 청춘이 현재 주어진 것이 아닐까. 그렇게 생각해보면 이 청년들이 현재 대한민국에서 누리는 삶은 얼마가 가슴 뛰는 일일까. 이들은 자신의 심장이 어디를 향해 뛰고 있는지를 잘 알았기에 거침없이 한국사회에서 현재를 달리고 있는 것일 게다.

청년을 맞이하는 순간

드디어 만남이 이루어졌다. 이제는 청년들의 목소리다. 떨리는 손으로 보이스레코더의 전원 버튼을 누른다. "안녕하세요. 인터뷰 시작할까요?"

탈북여성들의 인적사항

다음과 같이, 5명의 탈북여성들을 만나보았다.

〈심리사회적자원 심층인터뷰 대상자 개요〉

	이름 (가명)	연령대	탈북연도	학교 및 직업	특징
참1	이솔해	20대 초반	2014	대안학교 재학	유럽에서 남친자살, 이후 식이장애, 특별한 꿈 없음, 평범한 일상 원함, 현재 진로 고민 중.
참2	최은결	20대 초반	2014	대학교 재학	유아교육이 전공이나 영어실력 향상에 주력. 보수 괜찮은 직업 구하기 원함, 자기의사가 분명함.
참3	김가을	20대 초반	2019	대안학교 재학	모의 생사여부 모름, 언니와 의지하며 살고 있음, 탈북 과정 시 브로커와 연애하였으나 한국 와서 헤어짐, 현재 진로 고민 중.
참4	오명쾌	10대 후반	2017	대안학교 재학	학교에서 회장, 잘 웃음, 헤어디자이너를 꿈꾸고 있음, 기초생활수급자로 생계 걱정이 많음, 귀신을 자주 봄.
참5	이부성	40대 후반	2019	대학 재학중 자영업 (현재 폐업)	북한에서 금 장사를 하며 부유하게 지냈음, 한국에서 자영업을 했고 인터뷰 끝날 무렵 폐업함. 학교에 다니며 사회적으로 가치 있는 일을 하고 싶어함.

제1장 "낙천적인 마음만큼(20대 초반, 여성)"

일시: 2021년 9월 11일 오후 2:00-오후 4:00

인터뷰이: 이솔해 (2014년 한국도착, 인터뷰 당시 대안학교 재학 중)

인터뷰어: 전주람

글 구성 및 정리: 곽상인

〈첫 번째 인터뷰〉

엄마에 대한 기억과 만남

전: 한국에 몇 년도에 온 거야?

이: 2014년(16살 때)도에 한국 왔어요.

전: 그러면 완전 어렸다고 봐야 하잖아? 어떻게 오게 됐어?

이: 이모가 "엄마가 부르니 엄마에게로 가라." 해서 왔어요.

전: 그러면 처음에 올 때에는 한국으로 오는 줄 몰랐어?

이: 네. 저는 태국 가서 한국으로 오는 줄 알았어요.

전: 중국에서 좀 살았던 거야?

이: 한 주일 살았어요. 그 다음에 중국에 있다가, 라오스에서 바로 태국으로 갔어요.

전: 북한에서부터 올 때는 혼자 왔어?

이: 동생이랑 같이 왔어요.

전: 넘어오는 과정은 어땠어?

이: 산을 12시간 정도 걸었던 게 힘들었어요. 지금 생각하면 어휴. 그 산이 많이 더운데, 저희가 올 때 겨울이어서 패딩을 입고 왔어요. 패딩을 버리고 싶은데 들킨다고 못 버리게 하는 거예요. 패딩이 길어서 너무너무 불편했어요.

전: 그걸 막 들고 온 거야?

이: 네. 제가 언니고 해서 동생들 옷까지도 들어주고 그랬어요.

전: 동생은 몇 살이었어?

이: 큰동생이 15살이고, 작은동생이 14살이요.

전: 그 작은동생은 한국에 있어?

이: 네, 있어요.

전: 큰언니이니깐 동생들을 챙겨주고 그랬겠네? 그때 16살이면 컸다고 생각할 수도 있는데 지금 생각해보면 애기인데. 그치?

이: 네, 맞아요.

전: 그래도 네가 책임감이 강하나 봐?

이: 없는 편은 아니에요. 해야 할 거는 다 해야 제가 편해요. 안 하면 마음이 불편해요.

전: 그래. 한국에 도착하니 어땠어?

이: 처음에 봤을 때 '깨끗하다', 그리고 '공기도 좋다'라는 느낌이 들고 '엄마 언제 보지?'라는 생각도 들었어요.

전: 그때면 인천 공항으로 온 거지?

이: 네 맞아요.

전: 공항에 내렸을 때 별다른 느낌은 없었어?

이: 그때는 어리다 보니 생각이 없었어요. 딱히 '멋있다'라는 생각도 안 들고, '왜 모르는 사람들이 나를 계속 데리고 다니는 거지?'라는 생각만 드는 거예요. 그리고 내려서 바로 병원으로 가 종합검사도 했어요. 검사 후에 엄마가 병원 앞에 오는 거예요. 엄마라고 하니까 알아봤지 처음에는 엄마를 못 알아봤죠. 5살 때여서 엄마 얼굴을 몰랐어요. 그래서 엄마를 처음에 봤을 때 저 사람이 우리 엄마라고 느끼지 못해서 슬펐어요. 북한에는 정월 대보름날에 소원을 빌거든요. 그때마다 '죽어도 좋으니깐 엄마 한 번만 보게 해달라'라고 소원 빌었거든요. 매년 빌었어요. 그렇게 엄마를 만나고 안겨서 울었어요. 너무 보고 싶었던 거예요. 그런데 엄마가 툭 밀어내며 "얘, 왜 이래? 엄마가 죽은 것도 아닌데."라고 하는 거예요. 그래서 "뭐지? 내가 생각했던 엄마랑은 다른데?"라는 생각이 들었었어요. 왜냐면 어릴 때부터 이모에게서 사랑을 받고 커서 엄마면 당연히 안아줄 줄 알았는데 그렇게 안 해주니 너무 슬펐어요.

전: 엄마는 자식들을 안아주고, 스킨십 해줬던 게 많이 없었나 봐?

이: 아니요. 동생들한테는 해줘요. 그런데 엄마도 오랫동안 보지 못하고 낯설고 하니깐 딱히 애정이 없었나 봐요.

전: 솔해는 정월 대보름 때마다 엄마를 보게 해달라고 빌었는데 서로 오래 떨어져 있었고 외모도 많이 바뀌었고, 내가 그리던 엄마 모습이 아니니깐 많이 낯설고 '이게 뭐지'라는 생각도 했다는 거네.

이: 맞아요. 엄마를 만났는데 더 많이 고민이 드는 거예요. 그런데 한국에서 엄마는 다이어트를 한다고 밥을 안 주는 거예요. 바나나 같은 걸 주는 거예요. 그래서 다시 북한에 가겠다고 막 그랬어요.

전: 그러면 어머니는 너더러 더 다이어트를 하라는 거야? 그동안 맛있는 거 먹이고 싶었던 거 다 먹이고 싶었을 텐데?

이: 그래서 이모 집에 자주 다녔어요. 그러다 이모 집에 자주 간다고 엄마가 이모랑 사이를 끊었어요. 두 분이 싸웠고 그 후로 이모에게 연락하지 말라는 거예요.

전: 그러면 한국에 와서는 누구랑 산 거야?

이: 엄마랑 새아빠랑. 동생도 있었어요.

전: 동생들은 새아빠랑 엄마가 만나서 낳았어?

이: 네.

전: 그러면 솔해가 많이 낯설고 또 새아빠는 거의 솔해한테는 남과 같겠네?

이: 완전 남이죠.

전: 엄마도 낯설지, 새아빠도 낯설지, 그리고 동생들도 낯설지, 그러면 지금도
    그렇게 낯설게 4명이서 지내는 거야?

이: 저는 계속 기숙사에서 지내요.

전: 그래도 기숙사에서 집으로 간다면 그 집에 가는 거야?

이: 아주 가끔씩 가요. 1년에 5번 정도 가요.

전: 거의 안 가는 거네.

학교생활: 일반 학교에서 대안학교로

이: 제가 한국에 도착해 1달 후에 일반중학교에 들어갔는데, 중학교는 잘 졸업
    했어요. 고등학교에 올라가니 공부에 대한 스트레스를 너무 받고, 학교에
    서 내가 뭘 잘못하면 감점을 먹이고 그랬어요.

전: 여기에 적응도 안 됐는데 빨리 학교에 가긴 했다. 북한에서는 처음에 어떤
    한 선생님이 반을 맡았으면 졸업할 때까지 쭉 맡는다며?

이: 네 맞아요. 저는 고등학교 1학년 때 너무 힘든 거예요. 그래서 고등학교는
    대안학교를 가겠다고 엄마한테 말을 했었는데 엄마가 절대 안 된다고 하는
    거예요. "그런 학교에 왜 들어가냐? 그런 학교는 촌 애들만 들어간다."라고

하는 거예요.

전: 대안학교를 좋게 안 보네?

이: 네. 내가 엄마한테 "대안학교는 나랑 이런 공통점이 있다."라고 말하면 "그건 네가 부족해서 그러는 거다." 하는 거예요. 그때 저는 답답한 마음을 어디에 말할 곳이 없었어요. 그때는 어리다 보니까 그냥 울기만 했어요.

전: 그렇지. 그때는 대처능력도 없고 어떻게 할 것도 몰랐겠지. 그러면 친구들은 네가 북한에서 온 걸 알아?

이: 네. 학교 선생님이 내가 북한에서 왔다고 말했어요. 그러니 어떤 애들은 "우와" 하는 애들도 있고, 어떤 애들은 '북한 애'라고 하니 급식 먹다가 남기면 "야. 북한에서는 이런 것도 없어서 못 먹는데, 이런 거 남기냐?"라고 했어요. 그런 건 가볍게 무시할 수 있었어요. 그 후로 그런 애들이랑도 잘 지냈어요.

전: 우리나라에서는 북한이 가난하다고 생각하니 좀 안 좋은 시선은 훨씬 많잖아? 미국인이면 "난 미국에서 왔어."라며 큰소리치며 다니는데, 북한에서 왔다면 좋게 대해주는 사람도 있지만 무시하는 사람도 있겠지. 그래도 학교에서 친한 친구가 있었어?

이: 4명 정도 있었어요.

전: 그 친구들이랑 다니며 애들끼리 맛있는 것도 먹고 수다도 떨고 했겠네. 친구가 한 명도 없는 애들도 있더라고.

이: 엄마가 "공부 잘하는 애들이랑 다녀라." 하면서 친구도 정해주고 그랬어요.

전: 어머니가 많이 통제하는 스타일이신가 보네. 스트레스가 많았겠네?

이: 네. 학교에서 싸워도 엄마가 다 알아내서 서로 풀어주고 했어요.

전: 어머니가 관심을 지나치게 두셨네.

이: 간섭이 많이 심했어요. 제일 심한 건 핸드폰을 보면서 문자를 할 때도 "이런 건 이렇게 쓰면 안 되지." 하면서 엄마가 직접 써주는 거예요. 그런데 지

금은 안 그래요. 그러고 나서 제가 고등학교 1학년 때 집을 나왔거든요. 이모한테 전화해서 "너무 힘들다."라고 말했어요. 엄마가 전화를 항상 보고 있어서 공중전화에 가서 이모한테 전화했어요. "나 이렇게 못 살겠다. 죽고 싶다"라고 말하자, 이모가 "이모 집에 와. 이모가 다 해줄 게." 하시는 거예요. 이모는 어릴 때부터 저에게 많은 힘이 되고 지금도 힘이 돼요. 그리고 저한테는 이모가 소중한 사람이에요.

전: 그렇구나. 그러면 1학년을 다니다가 학교를 나왔어?

이: 네. 힘들어서 나왔어요. 그리고 바로 OO학교로 갔어요.

전: 누가 OO학교를 안내해줬어?

이: 동생이 학교를 다니고 있었어요.

전: OO학교 인원은 많아?

이: 지금은 적어요. 옛날에는 150명까지 있었는데 지금은 많지 않아요.

전: 학교에 적응은 했어?

이: 네. 제가 학교에 들어간 후 고등학교 3학년 때 개인 사정으로 자퇴했어요. 근데 무슨 일을 하려고 하니깐 고등학교 졸업장이 필요해서 올해 학교로 다시 들어가게 됐어요.

전: 다시 가니까 어때?

이: 전에 다닐 때에는 북한 애들이 많았는데 지금은 북한 애들이 적어서 몇 명만 친하게 지내요.

전: 기숙사 친구들이랑은 좋아?

이: 학교에서 적응 후에 기숙사에 들어갔어요.

전: 기숙사에 몇 명 살아? 기숙사에서 불편하지는 않아?

이: 15명 쓰는데 한방에는 4명 살아요. 좀 불편하긴 한데 제가 기숙사에서는 언니이고, 제가 관리하고 해서 괜찮아요.

전: 기숙사에서 밥은 다 공짜로 줘?

이: 네. 학교 다니는 자체가 공짜예요. 그리고 저희한테 장학금도 줘요.

전: 성적이 좋아야 주는 거야?

이: 아니요. 출석이 좋아야 줘요.

전: 그러면 주말에 남산에 놀러 가고 그러니?

이: 저는 집순이여서 많이 돌아다니지 않아요.

내 안의 강점: 친화력이 좋은, 낙천적인, 욕심이 없는…

전: 네 마음 안에 어떤 장점들이 있는 것 같아?

이: 일단 친화력이 있어요. 그런데 낯가림을 많이 해요. 그리고 저는 책임감이 있어요. 무엇을 하겠다고 하지 않으면 불안하고, 하겠다고 해놓고 지키지 못하는 친구들을 보면 싫어져요. 그리고 생각이 남들보다 긍정적이에요. 그리고 무엇인가 잘못해 오해가 생기면 바로 사과하고 인정해요.

전: 네 긍정적인 점은 어떻게 갖게 된 거야?

이: 예전에는 사람을 가려서 만났었는데, 누구를 판단하지 말아야겠다는 생각이 들었어요.

전: 그러면서 긍정성이 발달한 것 같아?

이: 네. '개인적으로 그럴 수도 있지, 뭐.'라는 생각이 들어요. 상대방도 내 말에 기분이 좋지 않다고 할 때는 계속 생각해요. 학교 다닐 때 화나면 너무 아파서 학교 상담까지 받았어요. 그러면서 점점 괜찮아졌어요.

전: 다들 '잘 살고 싶어.'라고 말하는데 솔해 생각에는 잘 산다는 게 어떤 걸 보고 말하는 것 같아?

이: 저는 일단 '즐기면서 살자'라는 마인드입니다.

전: 돈 많이 벌어서 빌딩을 사고 그러는 것보다 하루하루를 즐겁고 편하게 지내는 거야?

이: 네. 친구들하고 그냥 놀 때가 제일 즐거워요.

전: 내가 '이렇게 위험하게 한국에 왔는데 남들보다 잘 되겠다.'라는 생각은 없어?

이: 네 없어요. 욕심이 없는 것 같아요. 그냥 잘 먹고 즐기며 사는 것이 끝인 것 같아요. 아직 뭔가를 하겠다는 게 딱히 없어서요. 진로를 잠깐 생각은 했는데 '성적 때문에 될까?'라는 생각이 들어요.

전: 그래도 뭔가 관심이 있고 잘 풀리는 과목이 있잖아?

이: 영어랑 수학이 잘 풀려요. 앞으로 쓸 수 있고 필요하니깐 더 집중해서 배우는 것 같아요.

전: 북한은 영어를 집중적으로 잘 안 가르쳐주잖아?

이: 네. 거의 초등학교 수준으로만요. 그래서 일반고등학교 다닐 때에도 상담하면서 힘들다고 하면 선생님들이 "네가 북한 애인데 우리가 봐줘야 해." 하면서 "다른 학교 가야지, 왜 우리 학교 왔어?" 하는 거예요.

전: 선생님이 북한 교육에 대한 개념이 없구나. 선생님을 잘 만났으면 쭉 그 학교를 다닐 수 있었겠는데?

이: 네 맞아요. 제가 이제 대학교를 들어가야 하는데 '대학교에 들어가서 또 그러면 어떡하지?'라는 두려움이 생기는 거예요. 저희는 수능을 보지 않고 특별전형으로 자기소개서랑 준비해서 가요.

전: 생각해놓은 학교가 있어?

이: 아직 없어요. 학교보다 내가 무엇을 해야 할지 모르겠어요. 그러니 뭘 선택을 못 하겠어요.

전: 솔해는 '이런 직업을 가지면 행복하겠다'라고 생각한 것 없어?

이: 네, 없어요. 저는 남들이 뭘 하든 관심 없어요. 그런데 제가 하고 싶은 일은 있어요. 학교를 자퇴하고 나서 노래방 카운터 실장 했었는데 사장님이 저한테 대리 사장 같은 걸 시켰어요. 그 일을 하면서 남들의 말을 잘 들어주다 보니 '심리상담사가 되고 싶다.'라는 생각이 들었어요.

전: 뭔가 자기 이야기를 남에게 할 때에는 그 사람이 어느 정도 좋게 느껴져야 하는데 그게 너의 큰 장점이다. 심리상담학과 쪽으로 가면 좋겠다.

이: 그렇긴 한데 대학교를 가야 하니깐 '내가 4년을 버틸 수 있을까?'라는 생각이 커요. 무엇보다 경제적인 문제가 어려울 것 같아요.

전: 그런데 네가 생각하는 것보다 대학교에 가면 도와주는 사람도 많고 아르바이트 자리도 많아. 그리고 대학교는 고등학교처럼 어떤 걸 무조건 해야 한다는 강요가 없어. 중요한 건 솔해가 뭐가 중요한 건지 알아야 해. 일단 가서 여러 가지 길이 있으니 선택할 수가 있어. 그러니 편하게 생각해도 될 것 같아. 노래방은 언제든 할 수 있잖아?

이: 네. 일단은 해보고 나중에 다른 거 해도 되니깐. 그리고 노래방 같은 건 돈만 있으면 언제든 할 수 있으니깐 일단 대학교를 가려고요. 그리고 무엇보다 사회에 나와서 해본 게 노래방밖에 없으니 아직 다른 걸 모르니깐 다른 걸 해보려고요.

전: 그래. 세상에 너무 재미있는 게 많잖아. 무리하게 할 필요는 없지만 만약에 가능하면 한번 도전해보고 하는 게 좋을 것 같아. 아까 그래서 친화력 이야기도 했고, 책임감 이야기도 했고, 긍정성 이야기도 했고, 잘못을 인정하고, 그리고 중간에 포기도 한다고 말했지?

이: 네. 아니다 싶으면 중간에 포기해요.

전: 그 말이 좋지 않아 보이지만 사실 엄청 좋거든. 왜냐면 안 되는데 계속 붙잡고 있으면 뭐해. 결국에는 안 되는데. 그럴 거면 빨리 포기하는 게 좋지 않겠니?

이: 네. 일단 저는 딱 보고 '나한테 아닌 것 같아.'라면 바로 포기해요.

전: 솔해의 재능은 뭘까? 남들보다 특별히 잘하는 거?

이: 전 공감을 잘해요.

전: 그래. 내가 봐도 네가 편해. 어떤 사람은 내가 뭘 말해야 하나 생각하는데, 솔해는 편하네. 그래 솔해야. 오늘 여러모로 이야기했는데 오늘 상담이 어땠는지 간단하게 느낀 점을 말하고 끝낼까?

이: 제가 누구한테 의지하고 있는지를 정확하게 느꼈어요. 평소에는 그 사람이 잘 해주는 게 생각이 안 들었는데. 또 이보가 어땠는지 잘 느끼게 됐어요.

전: 그래. 솔해야. 오늘 즐거웠고 이야기해줘서 고마워. 자소서 열심히 써. 파이팅.

이: 네, 감사합니다.

〈두 번째 인터뷰〉

일시: 2021년 9월 25일 오후 1:00-오후 3:00

인터뷰이: 이솔해(2014년 한국도착, 인터뷰 당시 대안학교 재학 중)

인터뷰어: 전주람

글 구성 및 정리: 곽상인

욕심을 내려놓자

전: 첫 번째 인터뷰 때 2014년도에 중국에서 라오스, 태국 넘어서 네가 겨울에 패딩을 입고 넘어 왔다는 거, 되게 불편했다는 거, 동생들 챙겼다는 이야

기도 해주면서 솔해의 보물 찾아보자 하니깐 3개를 찾아주는 이야기도 했고 공부 때문에 스트레스 받아서 네가 다운돼서 울기만 했던 그런 시기, 그런 이야기도 해줬고, 또 친구들이 막 급식 먹으면서 북한에서 왔는데 왜 이런 걸 남기냐는 것도 이야기해줬고, 이모님 이야기를 많이 했고, 학교 나온 이야기도 해줬고, 장점으로는 친화력, 긍정성, 그리고 사과를 잘 한다고 했지. 솔해가 인정도 잘하고. 그런 이야기도 했고, 네가 이렇게 생각한대. '사람을 판단하지 말자.'

이: 네, 겉으로 보고 판단하지 말자.

전: 맞아. 그것도 중요하다. 그리고 또 공감을 잘 해주고, 포기하는 것도 중요하다고 이야기하고, 네가 현실성이 있다고 했었거든. 오늘은 좀 더 구체적으로 기억나는 사례라든지, 에피소드라든지 그런 것도 조금 해주면 좋을 것 같거든. 일단 욕심을 내려놓는 게 중요하다고 말했었는데 그게 어떤 거야? 조금 구체적으로 말해줄 수 있을까?

이: 저는 이제 '욕심을 버리자'인 것 같아요. 제가 뭔가를 포기하잖아요? 그러면 마음이 편해지거든요. 괜히 신경도 안 쓰이고 그러거든요. 원래는 엄청 사소한 거에도 집착하고 그랬었거든요. 그러다 보니깐 내가 너무 머리 아픈 거예요. 다른 사람은 생각도 안 하는데 저만 혼자서 앓고 있는 거예요.

전: 네가 뭔가 꼼꼼한가?

이: 좀 꼼꼼한 면이 있어요. 뭔가 지금도 그러는 거는 내 물건을 만지고 이러면은 진짜 싫어하고.

전: 한마디로 좀 성깔이 있네.

이: 없다고는 할 수 없어요. 이건 아니다 하는 게, 내 물건을 못 만지게 하는 게 강해서 아직도 포기가 안 돼요. 너무 심각하게 제가 좀 그러거든요.

전: 누가 네 물건을 만진 적이 있어?

이: 저것을 만졌다기보다는 관리가 들어온다는 생각이 든다고 해야 하나? 저한테 '옷이 어떻다, 옷장이 더럽다', 이런 걸 많이 듣다 보니깐.

전: 누가? 이모 댁에서 살 때?

이: 아니요. 엄마요. 엄마가 옷장이랑 집 보고 되게 뭐라고 하거든요. 내 방인데 거의 엄마가 뭐라 하는 게 좀 싫었던 것 같아요. 처음부터 옷이나 물건이 제자리에 안 있으면 막 때리거나 욕하거나 그랬거든요. 좀 그거 때문에 남들이 내 물건을 보는 게 싫었어요. 엄마가 그랬어요. '그게 네 사생활이야. 너 이렇게 하는 거 너를 보여주는 거야.' 이렇게 말하는 거예요. 그러다 보니까 누가 내 물건을 보면 내 사생활을 보는 것 같고.

전: 엄마여도 너무 옷장이 어떻다, 뭐하다 이러면은 기분이 안 좋지. 내 스타일 있잖아. 그러다 보니깐 내 물건을 만지는 걸 더 싫어하게 됐구나. 약간 예민한 게 있네. 그렇다 보니까 '그냥 생각하지 말자, 그냥 편하게 하자.' 이렇게 의식적으로 노력한 부분이네. 그런데 솔해야. 성격이 잘 안 바뀌지 않냐?

이: 저는 안 바뀌긴 하는데, 좀 바뀌게 된 계기가 살이 찌면서 좀 많이 바뀌게 된 것 같아요.

한때, 피팅모델도 했잖아

전: 그러면 한국에 와서 살쪘어?

이: 와서요. 저 피팅모델도 했어요.

전: 진짜. 그러면 너 여기 와서 10킬로 쪘다고 했나?

이: 그거면 몇 달 안에 찐 거고, 요즘은 35킬로 넘게 찐 것 같아요.

전: 너 엄청나게 말랐었나 보다?

이: 그때는 46킬로 나갔었거든요.

전: 여기 와서 많이 먹어서 찐 거야?

이: 좀 그것도 있어요. 지금도 좀 많이 먹거나 과하게 먹으면 먹고 토하는 습관

이 없지 않아 있거든요. 예전에 엄마가 맨날 먹는 거 가지고 뭐라 하는 거예요. 집에 오면 맨날 바나나나 초콜릿 주니까 너무 배고픈 거예요. 이러다 보니깐 엄마에게 "배고프다"라고 하니 엄마가 한국에선 그렇게 먹는 거 아니라고 했어요. 그러다 보니깐 밥에 대한 집착이 좀 심한 것 같아요. 그래서 '지금이 아니면 못 먹겠다'라는 생각도 했어요. 그게 습관이 돼 가지고 계속 뭔가 먹어둔 것 같아요.

전: 지금도 그래?

이: 지금도 없지 않아 좀 있는 것 같아요. 그 버릇이라고 할까?

전: 많이 먹어서 토하는 거야, 아니면 갑자기 먹어서 토하는 거야?

이: 갑자기 먹으니깐 그러는 것 같아요. 집에 가면 너무 답답해요. 제가 엄마랑 그렇게 단속해서 많이 먹었던 게 삼각김밥이었고, 그리고 집에서 나오다 보니깐 혼자서 여명학교 다녔잖아요. 그때는 막 라면이 진짜 맛있는 거예요. 1년 내내 거의 라면만 먹었어요. 밥도 안 먹고. '왕뚜껑'을 진짜 질릴 정도로 먹었어요.

전: 그니깐 그게 패스트푸드를 먹어서 살이 찐 거야. 건강도 안 좋아지고. 이모가 뭐라고 안 했어?

이: 이모는 그냥 맨날 '건강해야 한다'라는 이야기만 했어요.

전: 지금은 라면은 안 먹지?

이: 지금은 이틀에 한 번 먹는 것 같아요.

전: 근데 솔해야. 내가 재작년에 몸이 아프고 나니깐 건강이 그렇게 중요하더라. 내가 초코파이를 엄청 먹었거든. 왜 그렇게 초코파이가 맛있니. 그것이 몸에 남아 안 좋아진 거야.

이: 근데 저는 콜라, 사이다, 환타, 초콜릿, 빵을 안 먹어요.

전: 그건 참 좋은 습관이다. 맛이 없어?

이: 못 먹겠어요. 뻑뻑하고. 콜라는 좋아했었는데 뭔가 둘 중에 하나만 하기로

하고 끊어버렸거든요.

전: 그런 신념은 어디서 나온 거야?

이: 그때는 '모 아니면 도다.'라는 생각으로 살았던 것 같아요. 그런데 지금도 이것은 좋은 습관인 것 같아요.

전: 그러면 술은 마셔?

이: '진짜 이러다가 죽겠다'라고 싶을 정도로 먹을 때도 많아요. 좀 예전에 술이 없으면 잠을 못 잤거든요.

전: 언제? 한국 와서?

이: 네. 북한에서는 먹어본 적 없어요. 여기 와서 술을 먹으니깐 뭔가 기분도 좋고, 뭔가 속에 있는 이야기도 잘 나오고. 계속 참던 그런 거 있잖아요. 제가 친구랑 몇 년 전에 자취를 했거든요. 그러면서 걔도 나도 어느 정도 맞춰주고 하니까 술을 둘 다 먹은 거예요. 그러면서 자기 속 내용을 말하니까, 그리고 술 먹고 이야기한 거니까 뒤끝도 없고 좋더라고요. 그때부터 술을 좀 먹기 시작했어요. 원래는 술을 마시면 숨을 못 쉬고 그랬었거든요. 근데 계속 그걸 배우기 위해서 처음에는 애들하고 친해지려고 맨날 일부러 술 먹고 그랬어요. 그러다 보니깐 술이 점점 늘고 나중에는 술 없으면 잠을 못 잘 정도였어요.

전: 술이 는다는 말이 맞네. 술을 못 먹다가도 먹다 보면 되나 보다. 술이 맛있어? 소주 맥주 섞어 먹는다고 했지?

이: 네. 원래는 저 O스 작은 병도 다 못 먹고 취했었는데, 이제는 소주만 먹으면 5병 먹더라고요. 그 뒤로는 소맥을 먹어요.

전: 술 먹는 게 걱정이 아니라 간이나 건강이 걱정이지.

이: 젊어서 그러는지 아직 깨끗하대요.

전: 그래도 20대 초반이어도 조심해야지. 나중에 애기도 낳고 그런 일들이 있으니깐. 술이 인간관계도 풀어주고 긴장감도 완화해주고 그랬던 것 같아.

어떻게 보면 여기 와서 네가 스트레스를 많이 받았네. 그렇지?

이: 지금 생각하면 뭔가 그런 일들을 만들었나 싶기도 하고.

남자친구의 죽음과 자살시도

전: 가장 힘든 건 뭐였어?

이: 엄마랑 살 때가 제일 힘들었던 것 같아요. 그때가 최대의 고난이었죠. 그리고 남친이 죽었을 때 스트레스를 많이 받았죠.

전: 고향 친구?

이: 여기 와서 소개로 만났는데. 남친이 자살을 했거든요. 19살 때 만나서 100일 정도 사귀었었는데, 그때 애들이 나더러 "살인자다"라고 해가지고.

전: 그 뒤로 좋은 사람 만났어?

이: 아니요. 근데 그때 뭔가 똥파리 같은 애들 있잖아요. 남친 죽어서 슬프고 힘든데, 나보고 사귀자고 하는 애들 보면 남자들 자체가 쓰레기 같고 별로인 거예요.

전: 아, 진짜 위로는 못 해줄 망정.

이: 전 남친의 베프(베스트 프렌드)인 사람도 저한테 고백했었거든요. 제가 처음에 말도 많이 안 하고 되게 소심했었는데. 남친도 걔가 나보고 계속 예쁘다 예쁘다 하니깐 진짜 이쁜 줄 알았나 봐요.

전: 그래도 오래 갔다.

이: 네, 그리고 나서 남자들이 안 꼬여요.

전: 좋은 거야, 나쁜 거야? 그래도 한국에 왔을 때 힘들어 할 때도 옆에 남자친구가 있었는데. 그래도 오랫동안 잘 만났으면 좋았을 텐데.

이: 걔가 좀 집착이 심했거든요. 제가 막 어디 가면 "어디냐?"라고 물어보고. 위치 추적 앱도 깔아 놓고 그랬어요.

전: 오빠였네?

이: 네. 이스라엘 갔다가 왔는데, 제가 그때 알바를 해서 마중을 못 나갔거든요. 근데 걔 친구들이 '마중 다 해줬다'라고 나더러 밥 사라고 해서 알겠다고 했죠. 그래서 걔 친구들이랑 대림동에서 보기로 했죠. 그리고 저는 그런 상황을 다 이야기하고 남자들을 만났는데, 그 친구란 애가 두 명이서 만나기에는 좀 머쓱하니까 제 친구를 데리고 나온 거예요. 근데 문제는 친구를 데려왔는데 그 친구가 여친이 있는 애들 데려온 거예요. 그니깐 뭔가 2:2로 이상해 보였어요. 거기서 우리가 밥 먹는 걸 사진 찍어서 제 남친한테 보냈더라고요. 남친이 의심할 만도 하잖아요. 그리고 자고 일어났는데 남친이 그런 연락이 왔었고, 저는 연락을 못 본 거예요. 그리고 나선 걔들이랑 거리를 둔다 이랬는데 남자친구가 계속 내가 바람 핀다고 의심을 하는 거예요. 그래 가지고 의심할 바에는 차라리 헤어지자 싶었죠. "네가 날 못 믿으니깐 그런 말을 하는 거 아니야?" 그랬었거든요. 그러고 나서 내가 그 말을 했을 때 걔가 이스라엘의 호수였는데, 거기서 그냥 떨어졌대요.

전: 진짜 이스라엘에 가서? 그러면 어떻게 되는 거야? 한국으로 와서 장례를 치른 거야?

이: 네. 그러니깐 애들이 나더러 '살인자다.' 그랬어요.

전: 그러니깐 네가 엄청 힘들었겠네. 죄책감도 있고. 그렇지? 그게 몇 년도 일이야?

이: 2018년도였어요. 그래서 학교 다니다가 자퇴하고 그랬었거든요.

전: 그래서 솔해가 자퇴했구나. 그래 시간이 지나면서 마음의 안정이 됐어?

이: 여명학교에서 같이 밥 먹고 놀던 여자애가 저를 엄청 챙겨준 거예요. 대학교 갔어도 내가 '힘들다', '옆에 있어 달라'라고 해서 걔가 대학교도 자퇴했거든요.

전: 친구가 은인이네. 솔해가 그때 스트레스 받고 너도 널 어떻게 해야 할지 몰라서 막 먹고 그랬겠다. 그렇다고 다른 사람 생사를 내가 어떻게 할 수도 없는 거고. 이모님도 걱정 많이 했겠네. 어머니도.

이: 엄마는 딱히 없었구요, 이모가 힘들어했죠. 그리고 나서 저는 중국에 갔거든요. 남자애가 죽고 나니까 저도 자꾸 자살시도를 한 거예요. 그래서 이모도 집에 오라 했는데 제가 안 갔거든요.

전: 솔해야. 그럼 나도 같이 따라 죽어야겠다고 생각한 거야?

이: 뭔가 그래야만 할 것 같았어요. 걔 한 명이 그 집 자식이었어요. 저는 여기 가족도 많잖아요. 근데 걔네 부모님은 걔 하나만 보고 살았거든요. '내가 건강하게 잘 살아야지'라는 생각도 들었을 텐데, 그때는 그걸 잊어버렸나 봐요.

전: 너도 네 정신이 아니었어? 어떻게 자살을 시도한 거야? 약을 먹었어?

이: 약도 먹었고, 칼로 자해도 하고. 그것도 안 돼서 계속 그때 북한이 그리운 거예요. 북한에서는 걱정도 없었고, 엄마에 대한 그리움이 남아 있는 게 좋았고, 그리고 그냥 남친 사귈 생각도 못 했고. 한국에서 뭔가 안 좋은 기억만 있다는 생각 때문에 북한이 보고 싶은 거예요. 그래서 친구에게 말하니 "중국 가자." 그러는 거예요. 그런데 학교에서 말리는 거예요.

전: 왜?

이: 몰라요. 못 가게 해서 여권을 막 중지했더라고요. 근데 제가 중국 간 다음 날에 그렇게 한 거예요.

전: 너 사고 칠까 봐 그랬나 봐.

이: 그럴 가능성이 크죠. 그때 제가 막 자살을 시도하고 그랬으니까.

전: 그럼 그때 선생님들이 막았구나. 어떻게 마음을 잡았어?

이: 그때 친구가 "이렇게 좋은 게 많은데 네가 굳이 왜 죽어야 하냐"라고, "죽을 거면 지금 죽으라고 하는 거예요." 계속 놀렸어요.

전: 잘해줬던 친구가?

이: 네. 되게 약 올리는 거예요. 자기가 나라면 더 좋은 것만 보겠다고 말하고 자랑하는 거예요. 그때는 좀 서럽긴 했는데 좀 살겠다는 의지가 생긴 것 같아요. 원래 친구는 '아냐. 너 죽지 마. 너 죽으면 같이 죽을게.'라는 생각을 하는데, 얘는 그게 아니고 뭔가 '빨리 죽어봐' 하면서, '여기 어때? 여기 딱 죽기 좋지 않냐'면서 놀리는 거예요.

전: 걔는 북한 친구야? 지금도 친해?

이: 네, 어제도 보고 싶다고 집에 오라고 막 그랬어요.

전: 솔해가 친구 복이 있네. 그렇지? 어떻게 보면 진짜 힘든 시기다. 여기 와서 학교도 정착하고 낯설 때 남자친구도 만나서 다 낯설고 그럴 때 너를 예쁘다고 해주니 정들었을 텐데. 그렇게 오해를 사는 일이 생겨서 안쓰럽네. 그래 지나고 조금 이런 저런 생각했겠네.

이: 이제는 좀 편안해요. 걔네 부모님이 걔만 바라봤는데. 저한테도 엄청 잘해줬어요. 부모님이 '해라' 화장품 가게에서 일했거든요. 그래서 화장품을 한 달에 몇 개씩 사주시고, 신상 나오면 주시고 했어요. 저를 엄청 이뻐하셨어요.

생의 전환점

전: 10대 후반에 힘든 시기를 겪었다. 그러면서 포기할 건 포기하자, 욕심을 내려놓자는 맥락이 그런 데서 나온 것 같은데. 앞으로 어떻게 살 거야?

이: 일단은 엄마랑 진로 이야기를 좀 했거든요. 엄마가 "너 지금도 그렇게 공부하기 싫어하는데 대학교 가서 공부할 것 같냐"라고 하시는 거예요. 틀린 말은 아니더라고요. 그때 엄마가 "뭐 하나 알려줄 건데 너 할 거냐" 하는 거예요. 그래서 들어보자고 하니깐 이모가 회계 쪽에서 일하잖아요. 그래서 "그집에 가서 꾸준히 배워라." 하시는 거예요.

전: 회사 가서?

이: 아뇨. 이모 집에 가서요. 이모가 능력이 좋으니깐 거기 가서 배우라고 그러더라고요.

전: 이모가 바쁠 텐데 가르쳐 줄 수 있을까? 솔해야, 길은 많다. 그렇지? 어떻게 보면 이모한테 배울 수 있다는 게 감사한 일이고. 그래서 결정한 거야? 그렇게 하기로?

이: 네.

전: 지난번 인터뷰랑 마인드가 완전 바뀌었네.

이: 졸업하고 나서부터는 그냥 가서 배우려구요.

전: 혹시 욕심 안 나? 대학교 등록금도 정부에서 대주는데 그래도 배우고 싶은 욕심?

이: 그냥 공부 안 할 거면 그것도 좋을 것 같아요. 내가 솔직히 그렇게 대학교 가서 잘할 것 같지 않고 또 자퇴하기 싫어서요.

전: 그렇지. 이모한테 일을 배우다가 대학 갈 수도 있고, 그렇게 급하게 생각할 건 아니지만. 그래도 가능성을 여러 개 보고 갔으면 좋겠는데 선생님은, 왜냐면 아직 젊으니깐. 그리고 솔해가 참 장점이 많은데. 네가 말해준 것만 해도 친화력 있고 책임감도 있고. 한국으로 넘어올 때 동생들을 챙겨주고 했던 것이 기억에 남네. 그때 살리려고 노력했고, 사람을 돌보는 능력도 있는데.

이: 네. 그래서 애들을 싫어해요. 또 챙겨줘야 하니깐 귀찮아요.

전: 그렇지. 너도 챙김 받고 싶고 그런 거 있을 거잖아.

이: 맞아요. 저 사촌오빠가 있거든요. 그 오빠가 저 어릴 때 업어서 키우고 그랬었거든요. 근데 저도 북한에서 뭔가 오빠한테 이야기하면 오빠가 다 해주고 그랬어요.

전: 근데 지금은 장가 가서 그렇게 안 되잖아. 그렇지? 결혼하고 애기 낳으면 연락을 잘 안 하지. 솔해를 어릴 때 챙겨주던 사촌 오빠가 있었네. 솔해 마음

안에 보물 이야기해준 것 말고 스스로 찾아봤을 때 어떤 게 있는 것 같아?

이: 뭔가 딱히 모르겠는데.

전: 찾아봐야 생각나. 저번에 이야기해줬던 공감을 잘해준다고 했었거든. 그거랑 뭔가 친화력, 사람들과 처음 보면 다가가고 잘 하는 편이야?

이: 아니요. 상대방이 먼저 걸면 이야기해요.

전: 먼저 다가가는 스타일은 아니다. 어떻게 보면 성격이 좀 내향적인가?

이: 네, 뭔가 다가오면 또 제가 엄청 다가가요. 먼저 다가가지는 못하지만 다가오면 다 받아주고 그래요.

인간관계: 솔직한, 깊게 오랫동안

전: 그러면 인간관계에서 솔직한 편이야?

이: 네. 거짓말하는 거 싫어하니깐, 대할 때 솔직하게 대해요.

전: 그러면 친구를 깊게 대하는 거야, 아니면 그냥 쉽게 사귀는 거야?

이: 깊게 오랫동안요.

전: 변덕이 심하고 그런 건 아니네.

이: 네, 저 변덕은 없어요.

전: 그냥 한번 사귀고 나랑 잘 맞으면 잘 해줄 것 같아. 그러면 '이 사람은 아니다' 싶으면 어떡해?

이: 그냥 걔랑은 말을 안 해요. 내 편한테는 나한테 있는 거를 다 줘요. 그런데 그 사람이 내 사람이 아니다 싶으면 그냥 무시해요.

전: 너무 많이 주면 상처 받는 일도 있지 않아?

이: 상처받으면 뭔가 허전하다고 해야 하나. 나중에 배신하고 하면 나는 걔한테 할 걸 다 했기 때문에 죄책감이 없어서 좋아요.

전: 어떻게 보면 솔해가 사람들과 관계를 맺는 스타일이네.

이: '너한테 뭔가를 해줬는데 얘는 왜 나한테 못 해줘?' 이런 생각도 없는 것 같아요. 난 그런 거 안 할 것 같아요. 못 해주는 사람의 상황이 있을 거니까. 그걸 내가 막 해달라고 떼쓰고 그러지는 않아요.

전: 그러면 솔해야. 오늘 네가 좀 안 좋은 이야기도 해주니 이해가 되는데, 저번 시간에 '긍정적이다'라는 이야기도 했었거든. 그러면 긍정적이지 않을 수도 있겠네?

이: 저 원래 엄청 부정적이고 그랬어요. 뭐 하나 해주면서 상대방에게 너는 '그런 것도 못 해주나?' 이러곤 했어요. 하나 주고 상대방이 그만큼 안 주면 열을 받아야 한다는 마음이 컸던 것 같아요. 한국에 오니 세균도 많아서 병도 많이 생겨 너무 짜증 난다고 그랬었거든요. 근데 이젠 북한으로 돌아가지도 못하는데 그런 걱정을 하고 있나 싶어요. 내가 부정적으로 생각한다고 해도 돌아갈 수 없는 건데 내가 왜 그렇게 하는 건지, 그런 생각도 들어요. 북한에서는 세균이나 병에 대해 신경을 많이 안 써요. 바람 불어 먼지가 입에 들어와도 그냥 지나가고 그랬거든요. 근데 여기는 마스크 쓰고 그러잖아요. 저런 걸 왜 쓰나? 범죄자도 아닌데, 그랬죠.

전: 어찌 보면 여기가 더 까다롭게 느껴졌겠다?

이: 네. 친구가 그러는 거예요. 백신 맞는 거 싫다고 하더라구요. 그걸 굳이 맞아야 하냐고 그러는 거예요. 그리고 자기 주변에는 코로나 걸린 사람이 없다는 거예요. 옛날의 저라면 그랬을 건데, 지금은 걔를 이해시키고 "네가 독감 걸리지 않는 걸 알면서도 해마다 독감 주사를 맞는 거라고 생각해라.' 하고 있죠. 이해시키는 걸 보면서 '내가 많이 변했네.'라고 생각하죠.

전: 사람은 역시 환경에 많이 변하나 봐. 이제 솔해가 북한에 간다고 생각하면 마스크 안 쓰고 흙먼지 마시겠네.

이: 그렇죠. 그런데 북한에서 제일 고민인 게 화장실 가는 거예요.

전: 왜 어때?

이: 화장실에 들어가면 변이 다 보여요. 나무로 되어 있어, 앉아서 일을 보는데 되게 불편해요. 학교도 같아요. 변기도 없고, 식당에 가도 화장실이 없죠. CCTV도 없으니 지나가다가 골목에 소변 보고 막 그러거든요. 그래서 길에 변도 있고 그래요.

전: 소변은 그렇다 치고 큰 것까지? 여자들은 안 그럴 거잖아?

이: 모르죠. 여자들도 그러는지.

전: CCTV가 없으니깐 그럴 수 있네. 우리나라도 개발되기 전에는 그랬지. 지금이야 엄청 깨끗하지.

이: 네. 그런데 한국에서는 화장실이 거의 잠겨 있는 게 좀 그래요. 북한은 문이 잠겨 있는 적이 없거든요. 화장실을 잠그긴 안 하거든요. 그리고 북한에 공용 화장실을 보면 앞에 문이 없어요.

전: 앞에?

이: 네. 앞에 문이 있어야 하는데 문도 없어요. 그냥 보고 그래요. 그리고 화장실 보러 오는 사람이 옆에 사람을 다 봐요. 문이 없어서 누가 들어오면 불안해할 것 같잖아요. 그런데도 볼일을 잘 봐요.

타고난 긍정 체력

전: 그런데 너 어떻게 모델을 했어?

이: 북한에선 아니고 한국에 와서 했어요.

전: 그렇지. 북한에는 그런 거 없지. 그러면 여기 와서 너 이쁘다고 스카우트한 거야?

이: 그냥 큰 회사가 아니라 일반 회사였거든요. 친구 소개로 했는데, 키도 165 정도면 적당하다 해서.

전: 잡지?

이: 신발이요. 바지도 해봤고, 제일 많이 한 게 목걸이였어요.

전: 그러면 그때 '내가 경력이 있으니 모델을 꾸준하게 해봐야지'라는 생각도 들 것 같은데?

이: 아니요. 그때처럼 마음이 불안하게 있고 싶지 않고 그냥 지금이 딱 좋아요.

전: 어머니가 스트레스 주지 않아?

이: 엄마가 뭐라 해요. 이모는 '살 좀 빼자.'라고만 하는데, 엄마는 '그게 다 너를 괴롭히는 거야'라고 말하죠.

전: 어머니는 날씬하셔?

이: 원래 뚱뚱했는데 살 뺐어요. 다이어트 약 먹고 운동하고 그랬어요. 지금은 44킬로 정도 해요. 예전에는 70킬로로 나갔어요. 근데 키가 좀 작으니깐 뚱뚱해 보여요. 엄마 키가 150도 안 될걸요. 우리 집안에서 남자 빼고 제가 제일 커요. 우리 이모들도 작아요,

전: 집안에 살이 찐 사람 있었어?

이: 없어요. 근데 우리 엄마 살 잘 찌는 체질이래요. 그리고 저 힘도 쎄요. 웬만한 남자들하고 팔씨름하면 제가 이겨요.

전: 그게 쉽지 않는데.

이: 여자들은 다 이기고 웬만한 남자들은 이겨요. 노래방에 있을 때 팔씨름해서 팁도 받았어요.

전: 재미있는 추억이네. 체력 좋은 게 얼마나 좋은데, 뭘 해도 기본이 되어 있잖아. 어떻게 보면 여기 와서 아프고 그런 애들이 많은데 넌 그런 게 없네.

이: 병원에 잘 안 가요. 지금은 생리 때문에 잘 가요. 생리를 안 한다거나 그래서 어제도 갔다 왔어요.

전: 병원에선 뭐래?

이: 줄기가 얇아서 나오는 양이 안 나오고 있다고.

전: 약물 치료해?

이: 안에 약을 넣었어요.

전: 네가 관리를 잘 해야겠네.

이: 맞아요. 막 걷는 것도 귀찮고, 엄청 예민하고, 날씨도 짜증 나고 그랬었거든요.

전: 치료 잘 받아야지. 앞으로는 어떻게 하래? 무슨 치료 방법이 있대?

이: 일단은 가서 치료 받고 이번에 생리가 끝나면 안에 뭐가 있대요. 세균 같은 건 아닌데 검사를 해야 한대요. 생리 줄기가 얇아서 어떻게 할 수 있는 방법을 찾아야 한대요. 안에 뭐가 새까만 구멍 같은 게 여러 개 있는데 남들보다 많다고, 그게 병인지 생리 피가 묻었는지 봐야 한대요.

전: 어쨌든 치료 잘 받아야지. 체력은 아니어도 산부인과 쪽으로 잘 해야지.

편견 없는 태도

전: 네가 지난 시간에 이야기한 것 중에 사과를 잘하고, 잘못한 건 인정을 잘한다고 했었어. 고집이 있는 사람들은 '내가 잘못한 게 아니거든' 그러잖아. 근데 솔해는 받아들이는 편이네.

이: 변명해봤자 억지를 쓰는 게 보이거든요. 그럴 거면 그냥 사과하고 큰 문제를 일으키지 않는 게 낫다고 봐요. 제가 싸우는 걸 싫어하거든요. 제가 비폭력주의자거든요. 한국에 와서도 아직 싸우지 않았거든요.

전: 혹시 사과한 경우가 있어?

이: 친구랑 막 화를 내다가 내가 친구한테 "내가 좀 예민해서 그래." 이러면서

그냥 넘어가요.

전: 그런 것도 쉽지 않은데. 솔해가 표현력이 좋나?

이: 아니요. 그걸 잘 못하긴 해요. 변명이나 말발이 좋지 못해요. 그냥 인정하자 그래요. 지금은 다 좋게 보여요. 그냥 친구가 예민할 때는 그냥 참아요. 그때는 '왜 자기 관리를 못하지?' 이러면서 싸우는 일도 있고 외모도 많이 봤는데 지금은 그런 게 없어요. 지금은 싸움을 안 만들어요. 그래서 지금 저한테 다가오기도 쉽다고 사람들이 말해요. 친구들도 지금 모습이 좋대요. 몸무게 얘기할 때에도 친구들이 "네 건강을 위해 조금만 빼라" 이래요.

전: 주변에 좋은 사람이 많네.

이: 제가 친구들이 다가올 때 진심으로 대하니까. 그러면 주변에 가식적인 친구들은 없고 다 진실한 친구만 있어요. 지금은 그냥 사람하고의 관계이지, 나누거나 구분하거나 백인 흑인 이런 것도 안 하게 돼요.

전: 그것도 편견이겠다.

이: 네. 저도 처음에 한국에 왔을 때 사람들이 쓰레기장을 뒤지고 그런 줄 알았어요. 그렇다고 들었는데 와보니까 아닌 거예요. 거기서는 한국사람들이 쓰레기 뒤지고 못 먹는 사람이 많다고 배웠어요.

전: 근데 한국 드라마 보면 잘 살고 그러잖아.

이: 그건 드라마니깐. 북한 영화에서도 가식적인 게 많이 나오거든요.

전: 그러면 한국사람은 정이 없고 북한사람은 정이 있다고 생각하는지 궁금하다.

이: 북한사람들은 사람마다 다 달라서 저는 딱히 구분 안 해요.

북한에서 좋았던 점?! 그리고 남한에서는?!

전: 그러면 솔해야. 북한에서 어떻게 살았는지 얘기해줄 수 있어? 솔해 경험들을?

이: 북한에 대한 기억이 딱히 없어요. 어릴 때 내려와서요. 이모랑 같이 장 보다가 옷 이쁜 게 있으면 이모가 사주고 했던 기억 정도?

전: 장마당에 가서. 장마당은 매일 열려? 어떻게 생겼어?

이: 여기 시장처럼 생겼어요. 거기서도 음식 팔고, 옷 팔고, 고기 팔고 그래요. 규모는 안 커요. 시내는 크지만요.

전: 제일 좋았던 기억이 뭐야?

이: 액세서리죠. 북한에서는 머리에다 엄청 꽂고 다녀요.

전: 많이 꽂으면 예쁘다고 생각하는가 보다. 액세서리가 비싼가? 규찰대가 머리핀 단속은 안 하나 봐?

이: 네. 앞머리가 길고 머리가 길면 가위로 쑥 잘라요.

전: 왜 그래. 이유도 없어? 그러면 가발도 못 쓰고 그러겠네?

이: 모르겠어요. 제가 머리에 대한 집착은 없어서. 이모가 머리를 잘라줬고, 커서는 미용실을 다녔어요.

전: 미용실 이용료가 비싸?

이: 모르겠어요. 이모가 내줘서.

전: 여기 한국 와서 제일 좋았던 점이 뭐야?

이: 와서 딱 깨끗하다, 북한에서는 먼지가 막 날리고 하는데, 여기는 먼지가 없어서 좋았어요. 딱 그것이 제일 먼저 느껴졌어요. 경치도 좋기는 한데, 북한도 경치 좋은 곳은 있으니깐. 그리고 '한국도 시골은 깨끗하지 못하니깐, 뭔가 이 나라는 이렇다'라고 말할 수가 없는 것 같아요. 그런데 저는 북한도 좋고 남한도 좋은데 통일이 되면 한국에 있을 것 같아요.

전: 왜?

이: 딱히 가족도 없고, 북한에 대한 기억도 없어서요. 예전에는 이모 돈으로 살았잖아요. 이제는 뭔가 돈을 쓰더라도 내 돈이니깐 죄책감도 없고 좋아요. 돈을 잘 쓰게 돼요.

전: 이모가 아무리 잘 해줘도 이모 돈을 쓰는 거랑 내 돈을 쓰는 게 다르지. 이때까지 이런저런 일이 있었지만, 앞으로는 어떻게 살아야겠다는 생각이 있어?

이: 일단 회계를 좀 배우고 저랑 잘 맞을 것 같으면 쭉 가고, 아니다 싶으면 다른 걸 해야죠. 그런데 딱히 하고 싶은 게 없어요. 지금 내가 왜 이러고 있는지 모르겠고 그래요.

전: 그러면 이모한테 배우면 학교 졸업하는 거야? 아니면 그냥 나오는 거야?

이: 졸업해야죠.

전: 솔해야. 우리 많은 이야기를 했다. 보물도 찾고, 가슴 아픈 이야기도 하고, 옛날 추억도 말하고, 앞으로 무엇을 할지도 이야기했네. 집단으로 할 때랑 많이 다르네.

이: 네, 맞아요.

전: 어땠어? 자기를 떠올려 봤을지도 모르잖아.

이: 북한이 떠올라요. 어떻게 변했을지 너무 궁금해요. 화장실에 문이 지금도 없는지 궁금하고.

전: 최근에 한국으로 온 애들한테 물어봐야겠다. 솔해야. 네 인생을 쭉 돌아보니깐 어때? 선생님은 솔해랑 말하니깐 좋았어.

이: 저도 좋았어요. 되게 의미 있는 시간이었던 것 같아요. 내가 어떻게 살아왔는지 평소에 생각을 안 하게 돼요. 얘기해도 그땐 그랬는데 정도만 느낄 뿐이지, 진지하게 생각을 안 하게 되는데 지금은 내가 살 빠졌을 때와 쪘을 때처럼 내가 변한 것도 알게 되었고, 어느 순간에는 내가 포기할 줄도 알고 이런 면도 있구나 하는 것을 알게 되었어요.

전: 인터뷰가 너 스스로를 생각하는 기회가 됐으면 좋겠다.

이: 네, 생각할 기회가 된 것 같아요.

전: 이 시간이 너에게 의미가 있었으면 좋겠다. 또 너와 나의 대화가 방황하는 친구들에게도 도움이 되었으면 좋겠다.

제2장 너희들이 달빛을 따라 걸어 봤냐?!
(최사랑, 20대 초반, 여성)

일시: 2021년 9월 22일 오전 8:30-오전 10:30

인터뷰이: 최사랑(2014년 입남, 서울 소재 C대학교 유아교육과에 재학, 현재는 해외 워킹홀리데이로 일하며 영어를 배우는 중임.)

인터뷰어: 전주람

글 구성 및 정리: 곽상인

〈첫 번째 인터뷰〉

학교생활에 대한 기억: 무리에 못 끼고…

전: 학교에서 나오기 전까지 기억에 남는 에피소드 같은 거 있어? '아, 이건 아니다.'라던지, 아니면 기억에 남는 사건 같은 거, 결정적으로 나오게 된 계기랄까?

최: 지금 생각도 잘 안 나는데, 체육 시간에 그 친구가 저한테 안 좋은 소리를 했어요. 제가 뭔가 잘못 대답했나 봐요. 잘못된 대답이었다고 하더라구요. 정확히는 기억이 안 나요. 아무튼 그 친구가 친구들한테 제 얘기를 한 거예요. 저는 그때 욕할 줄도 모르고 나쁜 말을 한 것도 아닌데 그걸 친구들한테 말해서 사이가 멀어진 거죠. 그 후로 친구들이 안 놀아주고 학교에서 혼자 다니니깐 나온 거죠. 그 무리에 못 끼게 된 거죠.

전: 맞아. 지금이야 세월이 지나서 그런 일이 있었나 보다 하지만, 그 당시 엄청

힘들었을 것 같아.

최: 그렇죠. 그때 너무 힘들었어요.

전: 그래서 쉬다가 다시 학교 간 거야?

최: 바로 C학교에 간 거죠. 그때 학교 들어갈 때에는 한 학년 낮추어서 들어간 거거든요.

전: 왜? 배울 게 많아서?

최: 아, 그게 거의 북한 학생들은 그렇게 들어가요. 공부 실력이 엄청 차이가 나고 그러니깐요. 80-90%는 거의 다 한 학년 낮춰서 가요.

전: 그럼 그 학교에 들어가서는 괜찮았어?

최: 괜찮았죠. 근데 제 성격이 또 활발하지는 않아서 친한 친구들하고만 다녔죠. 으샤으샤 하는 성격이 못돼요. 그리고 그때에는 이 학교에서 빨리 검정고시를 패스하고 일반 학교를 가야겠다는 생각이 있어서 그냥 친한 친구 몇 명하고만 놀고 다른 친구들은 이름도 몰라요. 그렇게 검정고시를 따가지고 내 나이에 맞춰서 고등학교에 갔어요.

전: 오! 엄청 공부를 열심히 한 거네. 그렇지?

최: 검정고시가 쉬워서요. (머쓱) 괜찮았던 것 같아요.

전: 사랑아. 너 내성적이다. 좀 그렇지? 여러 사람이 어울리는 것보다 소수 몇 명이서 친하게 지내는구나.

최: 네. 일단 사람 수가 네 명을 넘어가면 제가 기가 빨려서 힘들어요. (웃음) 밤 새워 놀고 싶은데 저는 안돼요.

전: 그렇구나. 그나저나 일반고등학교를 많이 가고 싶어 하던데. 대안학교가 인식이 떨어지는 것 같아?

최: 네. 대안학교가 떨어진다는 것은 당연해요. 예전에 보니까 정말 거의 초등학교 수준의 교육을 하더라고요. 저는 북한 친구들이 한국까지 왔는데 일반 학교를 가는 이유가 한국 친구들과 더 어울리는 게 좋지 않을까 싶어서

였거든요. 굳이 여기까지 와서 북한사람들과 어울려야 하나 싶었어요. 그래서 일반 학교를 갔어요. 사회에 나가서도 북한사람이 있는 무리에만 있을 건 아니잖아요. 사회 나가면 한국사람들과 생활을 해야 하는데.

전: 맞아! 그런 면에서 뭔가 해야 할 게 많을 거 같아. 공부도 그렇고, 영어도 그렇고. 한 번에 따라가야 하니깐. 또 서로가 대화하려면 문화를 알아야 하니깐. 그러니깐 모든 일에서 머리가 바쁠 것 같아. 모든 면에서 적응해야 하고.

최: 아, 근데 저는 그게 노력하는 것도 있지만, 저는 센스라고 생각하거든요. 진짜 몰랐던 것도 금방 눈치를 채 가지고 대화에 끼는 편이거든요. 저는 눈치 봐서 애들이 무슨 얘기를 하는구나 하면서 금방금방 대화에 끼는 편이거든요.

전: 사랑이 눈썰미 같은 게 있네. 그건 어렸을 때부터 그랬어?

최: 어릴 때는 필요하지 않았고 몰랐었죠. 그땐 크게 생각하지 못했어요. 근데 재밌는 게 있어요. 저는 중학교 처음 갔을 때도 북한 사투리를 심하게 쓰고 있는 거로 생각했는데, 남쪽 애들이 와서 "북한 사투리를 한 번만 해달라."라는 거예요. 저는 그게 엄청 놀라운 거예요. 내가 '지금 사투리 쓰고 있지 않냐'라고 하니깐 아니라는 거예요. 그래서 사투리를 한 번만 해달래요. 저는 사투리를 계속 쓰고 있는 줄 알았거든요.

전: 아, 그러면 네가 엄청 빨리 애들한테 언어나 문화를 배운 걸까?

최: 그랬나 봐요. 저희 엄마는 제가 사투리를 심하게 쓴다고 사촌 동생한테 배우라고 그랬었거든요. 그런데 밖에 나오면 친구들은 사투리를 안 쓴다고 해요. 그런데 엄마는 사투리를 쓴다고 하고. 웃기죠?

전: 식구들이 모이면 말투가 다시 나와?

최: 저는 무의식적으로 나오는 게 아니고 의식적으로 재미있으려고 한두 번 하는 정도예요(웃음). 까먹진 않아요. 안 까먹는 거 같아요.

전: 잊어버리지 않네. 할 수 있는 거야?

최: 네. 할 수 있는 것 같아요.

전: 이렇게 인터뷰랑 할 때 사투리가 잘 안 나오지?

최: 그쵸. 저는 원래 표준어를 하는데 하나원의 같은 기수 사람들을 만나고 그럴 때면 일부러 북한 사투리를 쓰곤 해요. 저번에도 친구들이랑 만났거든요. 일부러 그게 재밌어 가지고 북한 사투리를 써요.

전: 그니깐 사랑아. 어찌 보면 추억을 되짚어 보는 것 같기도 하네.

최: 네. 며칠 전에 북한에서 같은 초등학교를 다닌 친구들을 만났거든요. 그때도 일부러 북한 사투리를 하고 그랬어요.

전: 만나면 뭘 하며 놀아? 고향 친구들이 있구나.

최: 며칠 전에 만났죠. 원래는 밖에서 밥 먹고 카페 가고 놀았는데. 이제는 5명이 못 만나잖아요. 그래서 친구 한 명 집에 가서 배달음식 시켜 먹고 북한 이야기로만 몇 시간을 때우고 왔어요. 그때 막 누가 뭐 했지, 뭐 했지 하면서 얘기하니까 재밌더라구요. (웃음)

전: 재밌을 것 같아. 다른 세상에 와서 살면서도 그때 아름다운 추억을 떠올리며 편하게 만날 수 있었던 것 같아. 가식적인 거 없이.

최: 맞아요. 사실 고등학교 때는 자주 만났었는데 성인이 되고 처음 만난 거였거든요. 저 포함해서 여자 셋, 남자 둘인데. 저 빼고 여자 둘이 친해진 거예요. 걔네 둘이 엄청 친해진 거예요. 어딘가 불편함이 생겼거든요. 재미있긴 한데 조금 불편해요.

전: 아, 딱 셋인데, 둘이 친해지면 좀 그런 게 있지.

최: 맞아요, 맞아요. 뭔지 아시죠? 원래 여자 둘 중 한 명이랑 제가 더 친했거든요. 걔랑 나랑 하나원에서 한 기수 차이 났고. 그래서 나와서 둘이 연락하고 남은 한 애는 늦게 왔는데. 어느 순간 둘이 친해져 가지고, 좀 애매모호한.

전: 그렇구나. 그러면 또 뭐 말하기도 애매모호하고 그러네. 사랑아. 어머니가 엄청 열심히 사니깐 너를 많이 관리해주셨을 거 같아. 가이드를 많이 해주셨어?

최: 엄마는 그런 걸 안 하셨어요. 그런데 엄마는 딱히 '뭘 해라, 뭘 해라'를 안 해줘요. 그냥 내가 하고 싶은 것을 최대한 할 수 있게 해줘요. 내가 도움이 필요하면 엄마가 해결해주는 건 하세요. 중학교 때 힘든 일이 있었잖아요. 결국 내가 이겨낼 수 있었던 인적 자원도 엄마였고, 제가 막 안 좋은 일이 있어 친구들하고 못 지내는 걸 말했거든요. 그니깐 엄마가 내 얘기를 듣고 너무 아파하는 거예요. 그때 엄마가 '그럼 나오자, 나가서 다시 생각해보자'라고 말을 해줬어요. 그래 가지고 엄마가 가자 해가지고 갔었거든요. 그리고 내가 열심히 해서 검정고시를 패스하고 일반고등학교를 가려고 한 것도 엄마한테 좋은 딸이 되고 싶어서 그랬거든요. 너무, 미안하잖아요. 여기 남한까지 와서 열심히 못 살고 이러면 엄마한테 너무 미안해서 더 열심히 공부했던 것 같아요.

전: 어떻게 보면 엄마가 너의 고민도 들어주고 상담도 해주고 하니 굉장히 좋은 엄마이면서도 멘토 같기도 하다. 어떤 애들은 혼자 와서 다 하고 그러잖아. 그런 걸 보니 엄마가 해주는 것이 감사한 일이네.

멍한 시간, 진짜 우울해 미칠 듯…

전: 사랑아. 네가 심리적으로 힘들었을 때, 혹은 특별히 사건이 있을 때, 뭐 사건일 수도 있고 아니면 일상일 수도 있고. 그럴 때 어떤 자원을 통해 극복해 나갈 수 있었는지 말해줄 수 있어? 네 마음의 자원이 뭔지 알아보고 싶어. 예를 들어 어떤 사람은 강 건너 넘어오면서 잘 살아야지 하는 의지가 있을 수도 있고. 북한에서 지금까지 살아온 네 스토리를 이야기해주면서 찾아보면 좋을 거 같아.

최: 일단 처음에 왔을 때 친구도 한 명 없고, 그때 학교에 들어간 것도 아니고 그냥 집에서 쉬고 있었어요. 친구도 없었고, 집에서 뭘 해야 할지 몰라서 3개월 정도 '멍'하니 있다가 북한으로 다시 가고 싶다는 생각이 들 정도로 우울하고 아무것도 할 생각이 없었어요.

전: 혼자 있었어? 하나원에서 임대주택 해줬을 거 아냐?

최: 그죠. 하나원 친구들도 모두 각자 산다고 바쁘고. 엄마 아빠도 일하고 있으니, 집에 혼자 있으니 너무 우울하고 미칠 것 같더라구요. 맨날 혼자 울면서 북한 친구들 생각하고 북한에 가고 싶다고 그랬어요. 그렇게 2-3개월 처박혀 있으니까 진짜 우울하고 미칠 거 같더라구요.

전: 누구랑 같이 넘어 왔어?

최: 이종사촌 동생이랑 같이 넘어왔는데 걘 김포 가서 살았어요.

전: 그리고 보통 이렇게 혼자 있었네?

최: 그죠. 하나원에서 같이 나온 사람들은 김포, 파주, 이렇게 다 흩어졌고. 그때는 핸드폰을 쓸 줄도 모르고, 다닐 줄도 모르니깐 그냥 가만히 집에 멍 때리고 있었거든요.

전: 근데 엄마가 좀 어떻게 살라고 알려주고 그러지 않았어?

최: 알려줘도 지금은 유튜브를 보고 시간을 보낼 수가 있지만, 그때는 그렇게 보내는 게 익숙하지 않고, 낯설었어요. TV 같은 걸 본다고 해도 조금만 보고 나면 흥미가 없어지고 오랫동안 보는 게 익숙하지 않으니깐. 생활 자체가 힘들었던 거예요.

전: 그래도 처음에 나이 드신 분들보다 호기심도 많고 해서 막 다닐 줄 알았는데 그렇게 다니지도 않았어?

최: 그때는 혼자서 어디를 가는 게 익숙하지 않고 괜히 나갔다가 어떤 일이 일어날지도 모르고 겁나니깐 아무것도 못 했었죠. 지금도 혼자 잘 못 다니긴 해요. 그땐 지하철 탈 줄도 모르고 아무것도 몰랐으니까요.

전: 그러면 두세 달 동안 집에 있으면서 북한을 그리워하고 그랬어?

최: 네. 그리고 하나센터를 다니긴 했는데, 거기만 갔다 와선 그냥 집에 있었죠.

전: 그런 기관이 도움이 많이 안 되나? 그러니깐 내 생활에 구체적으로 도움이 안 된다고 느끼는 거네?

최: 피부에 와닿게 도움이 안 되는 거예요. 그냥 형식적으로 가서 그 정해진 시간을 보내고 오는 거죠.

전: 완전 우울했겠네. 그때는 무슨 생각하며 지냈어?

최: 저는 그때 그냥 다시 북한으로 가고 싶다 이 생각밖에 안 했어요. 북에 있는 친구들이 보고 싶다, 이런 생각들만 계속했던 것 같아요.

전: 그러다가 어떻게 밖으로 나가게 되었어?

학교생활에 대한 기억: 성취감도 열등감이 솟구치고!

최: 제가 중학교에 입학하게 된 거예요. 제가 6월에 나와서 학교 다니니까 좀 애매해서 집에서 놀다가 9월에 입학했어요, 6~8월을 집에서 보내고 9월에 갔어요. 2학기에 들어갔어요.

전: 처음에 학교 가니깐 어땠어?

최: 처음에는 너무 두려웠죠. 애들이 북한사람 구경 온다고 하고. 그때 저는 어렸고 북한에서 왔다고 하는 게 맞는 건 줄 알고 그냥 말한 거예요. 또 제가 사투리도 있다고 생각했으니깐요. 그때는 안 밝혀도 들킬 거 같았어요. 그리고 제가 아예 한국 생활 아무것도 모르는데, 숨겨 봤자죠. (웃음) 아마 안 밝혀도 들켰을 거 같아요.

전: 담임 선생님은 어땠어? 잘 챙겨주고 그랬어?

최: 아니요. 잘 챙겨주고 그럴 것도 없죠. 그냥 담임 샘이죠. 내가 유치원 애들을 좋아하는데 딱히 내가 잘하는 것도 없는 것 같았어요. 유아교육학과를 간 것이 지금은 조금 후회되긴 한데 그때는 내가 회사나 그런 데 가서 적응을 못 할 것 같은 거예요. 제가 특별히 잘하는 것도 없고.

전: 왜 그런 생각을 했어?

최: 그게 그냥 배우면 되는 거잖아요. 근데 그때는 이것도 할 줄 모르고, 자신감

이 떨어지고. 뭘 할 수 있을까 그런 생각이 많이 들었어요. 또 취업이 너무 어렵다 해가지고 '내가 과연 취직할 수 있을까?'라는 생각이 들었어요. 그리고 유아교육학과를 가면 100% 취직을 할 수 있어서 선택하게 된 것 같긴 해요. 지금 살짝 후회되긴 해요.

전: 왜? 무엇 때문에?

최: 현실적으로 저는 유아교육학과를 가고 나서 조금 불안했어요. 사실 엄청 안정하다고 생각해서 선택했는데 일하는 거에 비해 월급도 적고, 임용고시를 안 보면 사립유치원에만 갈 수 있어서 너무 불안전한 거예요. 그래서 다른 데 취직하려고 했는데. 어쨌든 다음 해 휴학할 거거든요. 유치원은 너무 박봉이에요.

전: 그러면 다시 고민을 좀 해봐야 하나?

최: 네. 그래서 알바를 줄이고 일단 공부만 하려고 계획 중이에요.

전: 무슨 공부?

최: 영어 공부, 한국사 공부 등등요. 휴학할 거거든요 다음 학기에. 공부하면서 스펙을 쌓으려고요. 일 안 하고 공부하면서 고민해 보려구요.

전: 그렇구나. 진지하게 앞으로 어떻게 살지 고민하려고 준비 중이네. 집은 아직 마포야?

최: 네. 그렇긴 한데, 고등학교 친구들을 맨날 만나고, 같이 공부하는 친구가 있거든요. 그 친구가 맨날 그 집에 오거든요. 근데 그 친구도 다음 학기 휴학한대요. 그리고 지금 살고 있는 집도 빼야 하고 해서 그 친구랑 딱 1년 동안 휴학하고, 집 구해서 같이 공부만 하려고 했어요. 지금 계획은 공부만 할 생각인데, 열심히 하려고요.

전: 어느 정도 신뢰가 있고 편하니깐 좋지. 앞으로 뭘 할지 미정이네. 어떻게 살지, 그리고 나도 대학생 때 앞으로 내가 뭘 할지를 진짜 많이 고민했던 것 같아. 근데 다 지나고 나면 해석이 달라지긴 하는 거 같아. 근데 지금은 네가 미정이라고 하니 뭔가 부러워.

최: 왜요?

전: 뭔가 다 할 수 있잖아. 나같이 한길을 걸어온 사람은 다른 걸 할 수 없잖아. 근데 어찌 보면 여러 가지를 한다는 게 힘든 일이거든. 그런데 모든 것을 다 할 수 있다는 게 너무 좋은 거거든. 그 무엇이든 다 할 수 있잖아. 지금 네 이야기를 듣고 나는 너무 부럽다. 정말 20대 초반에서만 누릴 수 있는 거거든. 근데 그때를 잘 보내야 돼. 점점 뒤로 가면 선택의 범위가 점점 줄어들어. 일단 하고 싶은 거 다 해. 네가 적응도 잘하고, 눈치도 있고, 지금 네가 휴학하겠다는 것도. 이 모든 것에서 어쨌든 네 의지가 느껴진다. 그게 없는 애들은 '될 대로 돼라'라는 식으로 살아가더라. 어때? 그런 스타일과 비교할 때 너의 모습이? 스스로 평가했을 때 말이야. 이 땅에서 네가 생각하는 바람 같은 게 있을까? 일단 공부를 열심히 해봐. 뭔가 잘하고 싶은 사람처럼 느껴지거든. 뭔지는 모르겠지만. 욕심도 있어 보이고. 이 땅에서 네가 생각하는 바람이 있을까?

최: 저 진짜 열심히 잘 살고 싶다는 생각은 있지만, 그만큼의 노력을 안 하는 것 같아요. 이런 거 있잖아요. 기대하는 건 많은데 그렇게 잘 안 되는 거예요. 그게 제가 그만큼 노력을 안 하고 있다는 것이겠죠.

전: 그러면 왜 안 하는 거야? 할 수 있는데 안 하는 거야? 아니면 못 하는 거야?

최: 아직은 뭔가 현실 감각을 모르는 것 같아요. '아직은 좀 더 놀아도 돼'라는 생각으로 사는 것 같아요. '지금은 살짝 놀아도 되지 않을까'라는 생각이 커요. 머리로는 '아니야. 너 곧 졸업이고 남들 다 졸업하고 취직하는데 너무 어린 거 아니야?'라는 생각도 들어요.

전: 사랑아. 어찌 보면 완벽한 사람은 없으니깐.

최: 저도 그 생각으로 많이 노는 것 같아요.

전: 그러면 공부하고 저녁 시간에 그 친구랑 노는 거야?

최: 제가 생각하기에는 그게 잘 안 될 것 같아요. 낮에는 공부하고 저녁에 놀고, 이게 안 돼요. 그냥 공부하면 공부하고, 놀면 놀고. '지금부터 공부를 좀 해야겠다'라는 생각도 드는데, 지금 안 하고 놀고 있어서. (웃음)

전: 여유만만? 딱 1년 공부를 열심히 하고 나중에 노는 게 나은 거 아냐? 잘 모르겠네. 일단 휴학하고 네 스타일을 잘 파악해야겠네.

최: 네.

전: 어떻게 보면 너에게 그런 계획이 있었네.

최: 저는 매번 계획은 있거든요. 근데 실천할 때가 없어 가지고요. 제가 저 자신한테 엄청난 기대를 하고 있는데.

전: 어떤 모습을 기대해?

최: 일단 내년에 다른 것에 정신을 팔지 않고 공부만 하고 자격증 6개 정도 취득하고, 저희 학교에 유아교육학과만 있는 것이 아니니까 복수전공을 해야겠다는 생각요.

전: 복수전공 너무 늦은 거 아닌가? 보통 2학년 때 하는데.

최: 그런데 저는 알바를 좀 열심히 해서 4학년에 들으려구요. 4학년 1학기까지 복수전공 할 수 있거든요. 그리고 사실 저한테 기대하는 모습은 영어 공부를 열심히 해서 영어교육학과를 복수전공하는 건데요.

전: 어떤 미래학자가 말하는 것처럼, 앞으로는 하나의 직업으로 살기가 많이 어렵다고 해. 그래서 나는 너의 선택이 좋은 방법인 것 같아. 그리고 언어라는 것은 학교에서 배울 수도 있지만 그 학과에서 배우면 훨씬 탄탄하게 배울 수 있으니깐.

최: 그리고 졸업하면 자격증도 생기거든요. 제가 어딜 취업하든 도움이 되지 않을까 생각도 들어요.

전: 아, 시험을 안 봐도 자격증이 나오네. 너무 좋다. 그 후 계획이 뭐야?

최: 일단 자격증을 취득하고 졸업하면 영어유치원을 갈 수도 있고, 유아교육 회사 같은 곳도 많고요. 그런 데가 영어를 엄청 필요로 하더라고요.

전: 나는 충분히 유아교육을 하는 거고, 네가 영어를 하면 충분히 할 수 있다고 봐. 그리고 유아교육학과를 졸업하고 유아 분야에서 일을 하다가 지금

은 작가로 활동도 해. 그러니까 여러 가지로 일할 수 있어. 그리고 네가 오래 일하다 보면 네가 시설을 차릴 수도 있어. 사실 요새는 직업을 만들어 낸다더라. 그러면 사랑이 마음 안에 있는 보물, 자원 몇 가지 좀 더 찾아볼까? 현재까지 눈치가 있고, 의지가 있고, 실천은 안 했지만 계획하고 있고, 네가 경제적으로도 포지션을 안정적으로 차지하고 싶은 것도 느껴지고, 그런 걸 봐서는 인간 성취의 욕구가 있잖아. 그런데 너의 욕구는 뭐라고 봐?

최: 저도 성취 욕구 같은 게 많은 것 같고, 제가 느끼기에는 열등감이 엄청 높은 것 같아요. 저는 그런 게 싫은 것 같아요. 주변 사람들의 열등감이라고 해야 하나?

전: 네 친구들.

최: 내가 친구들하고 같이 놀면서도 나쁜 게 '얘들보다 뭔가 성공하자.'라고 생각하고 그 누가 그 어떤 것을 해냈다고 하면 축하해가 아니라 '네가 이걸 해? 나는 더 좋을 걸 할 거야'라는 생각이 들어요. '네가 나중에 어딜 취업해. 나는 나중에 너보다 더 좋은 회사를 취업할 거야.' 이런 생각도 들어요. 하나원에서 같이 나온 친구가 있는데 인간적으로는 좋은 것 같은데 그 친구가 현재 대학교를 졸업하고 일반 쇼핑몰에 취직해서 있거든요. 근데 저는 그 친구를 보면서 '네가 이렇게 살고 있지만, 나는 더 잘 살 거야'라는 생각이 들어요. 그리고 그 친구는 대화를 하는 게 '이걸 하는 게 남자친구를 만나기 위해서이고' 이렇게 말하면, 저는 혼자 생각으로 '네가 남자친구 생각을 하고 있을 때 나는 미래를 생각해서 너보다 훨씬 잘 될 거야'라는 생각도 들어요. 제가 성공한다는 생각도 높고 열등감도 엄청 높은 것 같아요.

전: '그게 열등감인가?'라는 생각도 잠깐 드는데. 나도 너처럼 이렇게 비교를 많이 했거든. 내 친구가 "교수가 됐어." 그러면 밤새 잠이 안 오고 이랬거든. 그러면 또 나 혼자 '넌 참 댕댕이다, 왜 그렇게 사냐. 친구를 축하해 줘야지.'이래. 그리고 또 누가 "뭘 했어."라면 '두고 봐. 내가 더 잘 될 거야.' 속으로 그랬어. 그래서 내가 혼자 내린 결론은 자기 가족 외에 잘 되는 것을 좋아하는 사람은 없다는 거야. 인간은 굉장히 질투가 많은 동물인 것 같아. 그래서 이제는 그냥 받아들이는 편이야.

최: 일단 저 자체도 그렇게 느끼니깐, 다른 사람도 당연히 '이런 마음이겠지.'라는 생각도 들어요.

전: 어떻게 보면 이게 질투가 안 날 때도 있어. 나이를 먹으면서 '해도 그만, 안해도 그만'이라는 생각이 들어. 20대~30대 때에는 경쟁하려고만 하고 어떻게든 자리를 차지하려고 하지. 그런 시절이 있었던 것같이 지금은 나이가 드니깐 '그래요. 열심히 하세요'라고 경쟁심이 없이 말하는 것 같아.

최: 어쩌면 본인이 원하는 가치관을 어느 정도 달성해서 그런 마음이 드는 게 아닐까요?

적응력 좋죠. 그치만, 아직 이룬 게 없습니다!

전: 그럴 수도 있지. 나는 너의 그 경쟁심이 있는 게 좋다고 생각해. 열심히 하고 발전하려는 모습, 말이야. 그런 게 네 욕구구나. 그러면 네 장점 3가지를 이야기해봐.

최: 장점이요?

전: 응. '내가 이것만은 남들보다 잘하는 것 같다'라는 게 있잖아.

최: 적응이 빠른 것 같아요. 인간관계든 새로운 환경에 적응하는 것이든 간에. 이런 적응을 잘하는 것 같아요.

전: 어떻게 보면 네가 적응을 잘한다는 것이고, 네가 유연하다는 것이 되겠네.

최: 네. 그리고 저는 다른 성향의 친구가 있으면 '아. 이 친구는 이런 성향이구나'라고 하면서 맞춰주거든요. 그런데 저는 이게 단점이라고 생각하거든요.

전: 왜?

최: 이 친구한테는 이렇게 대하고, 저 친구한테는 저렇게 대하고. 이런 내 모습이 나 자신한테도, 타인에게도 솔직하지 못한 것 같아요. 어찌 보면 그게 장점이라고 생각하는데, 친구마다 다 성격이 다르니, 거기에 제가 맞춰주게

되거든요.

전: 그게 장점이지.

최: 그러다 보니, 이게 웃긴 게 너무 제 주체성이 없는 것 같아요. 예를 들어 친구를 봤을 때 '저 친구는 항상 밝고 좋은 사람이고, 또 다른 친구는 감성적이고 자기만의 주체성이 있어서 좋은 사람'이라고 생각해요. 그런데 저는 저만의 개성이 없고 다른 사람들이 갖고 있는 성격을 맞춰주는 것에만 익숙한 것 같아요.

전: 그게 장점이면서도 너 자신한테 솔직하지 못한 게 되는 거구나.

최: 네. 그런데 솔직성이 아니라 주체성이 없는 것 같아요. 상황에 맞게 대충대충 하는 편이에요.

전: 그런데 악의적인 의도로 하면 나쁜 건데, 내가 어떤 면에서는 '적응력이 좋아서 친구들의 성향을 맞춰주고 있구나' 생각하면 유연한 관계를 잘 맺고 있는 것이기에 긍정적이기도 하다. 그냥 해석하기 나름이지. 근데 그걸 나의 이익이나, 나에게 유일한 방향 쪽으로 만들어 갈 수도 있지. 어찌 보면 쉽다. 그냥 솔직하게 상대방을 대하면 될 것 같아. 또 너의 장점은?

최: 상대방의 입장을 맞춰주다 보니, 다른 사람을 불편하게 대하지 않아요. 그런데 제 단점 중 하나가 발음이 정확하지 않는 거예요.

전: 아니야. 발음이 틀린 게 아니고 네 목소리가 또랑또랑 정확해.

최: 아, 그래요?

전: 일단 하고자 하는 말이 정확하고 모르면 모른다, 알면 안다 하는 게 좋아. 목소리가 또랑또랑한 편이고, 그리고 네가 생각하는 대로 말을 편하게 해. 그래서 나처럼 연구하는 입장에서는 말을 정리하는 게 좋거든. 어떤 애들은 본인이 하는 말인데도 잘 모르는 경우가 있어.

최: 저는 제가 말을 많이 하는 것보다 다른 사람의 이야기를 잘 들어 주는 것 같아요. 제가 친구들한테 '내가 이런 일이 있었다.' 하면 내 친구 중에 그걸 못 들어 주는 친구들도 있어요. 내가 말하는 문맥을 못 알아듣는다든가 아니

면 자기 고민은 말하면서 다른 사람의 고민은 안 들어주는 경우도 있어요. 그런데 저는 제 이야기도 하겠지만 다른 사람의 이야기나 고민을 들어줘요. 최선을 다해서요. 그리고 친구에게 긍정적인 이야기를 해주려고 노력하는 편이에요.

전: 네가 좀 진지하네. 진지하게 인터뷰에 해주면 이야기가 잘 되지. 너는 하나하나 생각하고 이야기하니깐 이야기가 잘 되고 공감도 잘 돼. 그리고 너는 사람과의 관계를 잘 하는 것 같아.

최: 그래서 전에 상담사를 해볼까 생각도 했었어요.

전: 그래. 좋다. 우리 대화 주제가 장점 이야기지만 거꾸로 '이거 하나만 고치고 싶다' 이런 거 있어?

최: 고치고 싶은 거요. 저는 너무 게으른 것 같아요.

전: 어떻게 게을러?

최: 게으르기보다 제가 학교에서 무슨 실수를 했다고 쳐요. 아니면 집에서 부모님께 꼭 전달해야 하는 내용이 있는데, 전달하지 못했다고 봐요. 이렇게 사고가 발생하면 저는 일단 이 사실을 최대한 숨기려고 해요. 그리고 무슨 단체에서 영어 공부를 하는 게 들어왔다고 쳐요. 그런데 그 단체에서 하는 영어 과제를 제가 무조건 해야 하는데, 그걸 못 하게 되면 아예 그 수업을 안 들어가요. 그리고 연락이 와도 이 상황을 회피하고 싶어서 숨어버려요. 이게 너무나 큰 단점이라고 생각하는데, 저는 이 상황을 일단 피하려고만 해요. 결국 시간이 지나면 못 하게 된 상황으로 남게 되는 거죠.

전: 그냥 딱 들어가서 '못했다'라고 하면 되는데, 그리고 못 했어도 내가 피해를 보는 건 아닌데.

최: 그리고 대충대충 하는 게 있어요. 인간관계도 좀 그렇고.

전: 좀 완벽주의 아니야? 완벽하지 못한 내 모습을 받아들이기가 어렵다 보니깐 아예 던져버리는 것일 수도 있는데. 내가 완벽하게 했어야 하는데, 뭔가 마이너스 된 내 모습을 받아들이기가 불편한 것은 아닌가? 자, 좋아. 사랑아. 오늘은 인터뷰 스타일이 조금 달랐지? 어땠어?

최: 일단 저라는 사람에 대해 생각해봤어요. 계획이 많은 데도 이룬 게 없어서, 결국에 '나는 뭔가를 한 게 없구나'라는 생각이 들었어요. 그래서 당장 뭔가를 해야겠다는 생각이 들었어요.

전: 나는 인터뷰 하면서 '네가 참 고민이 많구나.'라고 느꼈거든. 고민이 많은 거에 대해서 나는 이렇게 말해주고 싶어. 더 치열하게 미친 듯이 고민해라. 왜냐면 그래야 답이 나오거든. 너 나이에는 다 할 수 있어. 나도 대학교 1학년 때 밤새도록 고민한 적이 있어. '내가 뭘 하려고 대학을 왔을까.' 이런 고민이 들더라. 한국에서는 공부 잘하는 애들이 살아남아. 그런데 나는 1, 2등을 못 해서 열등감이 컸거든. 나이가 들어서도 열등감이 많은 것 같아. 열등감은 사라지지 않는 것 같아. 그래도 나는 뭔가를 열심히 해. 그래 사랑아. 오늘은 뭐해?

최: 저 오늘 과제 해요. 과제 너무 많아요.

2021년 10월 11일 (월) 오전 11:00-오후 1:30
대상: 최사랑
진행: 전주람
글 구성 및 정리: 곽상인

⟨두 번째 인터뷰⟩

버킷리스트: 아빠에게 캠핑카 선물할 날이 올까요?!

전: 아버지께 무슨 차 사주고 싶어?

최: 저는 그냥 일반 차인데, 아빠는 캠핑카를 되게 좋아하거든요. 그리고 아빠가 차가 없거든요, 회사 차 몰고 다니시는데 저는 그냥 아빠 차를 사주고 싶어요.

전: 그러면 네 버킷리스트 10개 정도 얘기한다면?

최: 무조건 엄마 아빠께 차 한 대씩 사드리기. 엄마 아빠랑 같이 셋이 여행 가기, 엄마 아빠 둘만 여행 보내드리기, 외국에 나가서 일 년 동안 살아보기, 그리고 뭐가 있지, 없는 것 같아요. 딱히.

전: 술술술 100가지가 다 나올 것 같은데 막상 많지가 않네. 그니까 사랑아. 네가 잘 살고 싶은 데에는 다 너 주위에 가족이 있기에 그렇단다. 가족이 너에게 중요한 키워드네. 악착스럽게 돈을 벌지 않아도 뭔가 여유 있는, 그러니까 여행도 보내드리고 차도 사드리고 싶은 것이 네 마음이네. 집도 여유 있게 40평 정도면 좋을 것 같고. 그렇지? 그니까 돈이 좀 있어야겠다. 안정적인 직업이 있어야 하고, 그러다 보면 뭔가 충분히 가능한 미래가 펼쳐지는 것, 그 성공 스토리를 상상해보는 것이 너한테는 매우 좋은 심리 자원이 될 것 같아.

최: 근데 저는 그렇게 생각을 안 하면 결국 힘들어져요.

전: 맞아. 계속 부족하고 여유가 없는 상황만을 경험하면 끝도 없는 나락으로 치달을 수가 있어. 어떻게 보면 네가 잘 살고 싶은 욕심이 있기 때문에 그런 상상을 하고 인생을 새롭게 인식하면서 앞으로 나가는 거지. 그러한 힘은 부모님으로부터 나올 것이고, 두만강과 압록강을 목숨 걸고 건넜던 것에서도 나올 것 같다. 그치?

최: 맞아요, 내 목숨을 담보로 다 해봤는데. 어떤 애들은 가스레인지에 불도 못 켜는 거예요, 우리는 아궁이에 불을 지피고 살았는데, 나무를 패서 장작으로 불을 땠는데 뭐가 무섭다고.

심리적 자원: 너희들이 북한의 별을 아냐?!

전: 그런 거 못 하는 사람들 보면 어때? 공주과 같지 않아?

최: 어, 그런데 저는 그 사람이 그렇게 살아왔으니까 그 사람 인생이라고 생각해요. 그런 인생을 살아왔으면 그랬을 것 같기도 해요.

전: 어떻게 보면 너는 참 이해심이 크다.

최: 제가 그런 것 같기는 해요. 어떻게든 타인의 시선을 인정하고 그렇게 대해주려고 최대한 노력해요. 어쩔 수 없잖아요? 걔네는 그런 삶을 살아왔고, 당연히 그런 걸 경험해보지 못했으니까 무섭겠죠. 그러니 모르는 건 당연한 거고, 아마 그 친구들도 저랑 같은 삶을 살아왔다면 당연히 가스레인지에 불을 켰겠죠. 저도 그런 삶을 살아왔다면 당연히 했겠죠. 안 해봤으니까 무서워하겠죠.

전: 그래. 너는 참 남을 비난하지 않는구나. 얘기해보니까 어때? 인터뷰 스타일이?

최: 재밌어요.(웃음)

전: 그래. 다행이다. 네 인생 스토리를 쭉 얘기했잖아. 내가 듣는데 무슨 영화나 소설 같아 가지고 쭉 빠져들어서 듣고 있게 되네.

최: 저희 엄마도 말이 많고 저도 말이 많은데, 이런 거를 또 경험해보지 못한 사람한테 이런 얘기를 한다는 게 재밌는 거예요.

전: 근데 또 가슴 아픈 얘기일 수도 있잖아.

최: 그래도 너무 재밌어요. 시간이 지나고 보니까 가슴 아픈 얘기지만, 다 추억이고 이런 일을 또 언제 어떻게 경험해보겠어요? 저는 그런 걸 경험해본 거에 또 감사하죠. 근데 저는 북한에서 산 것치고 너무 평범하게 살았어요.

전: 한 사람의 인생 스토리를 영화처럼 보여준다면 사람들이 북한이주민을 새롭게 볼 수도 있겠지. 저런 삶을 거쳐 지금 한국에 와서 잘 살기 위한 노력을 하는구나 생각하겠지.

최: 그럴 것 같기는 해요.

전: 그래 사랑아. 내가 저번에 두 시간 정도 너랑 얘기하고 오늘 얘기하는데 너의 그 영화 같은 삶이 좋다. 특히 달빛을 따라서 걸었다는 얘기가 인상적이었어. 나도 한국에서 달빛을 따라 걸어보고 싶다.

최: 근데 제가 얼마 전에 파주에 별이 있다고 해서 갔는데, 친구들이 막 예쁘다고 난리 치는 거예요, 그래서 나도 막 예쁘다고 했는데 막상 제 속마음은 속상한 거예요. 얘네한테 북한의 밤하늘을 보여주면 얼마나 좋을까 생각이 들어서요. 정말 파주에 그 몇 개 없는 별을 보고 좋아 죽더라구요. 서울 하늘에 비하면 북한 하늘에 별이 많긴 하죠. 근데 북한은 별이 반짝반짝하는 게 은하수같이 있어요. 막 보여주고 싶은데 안 되는 게 현실이니까요. 아마 제가 말하는 것을 듣고 상상하시는 것보다 직접 보는 게 더 예쁠 걸요.

전: 별 보러 갈 수 있을까? 내가 살아있는 동안에?

최: 그니깐요.

전: 네 얘길 쭉 들어보니까 재밌네.

최: 아직 뭔가 얘기 못 한 것들이 많아요. 더 얘기해드리고 싶은데, 제가 어디 가서 얘기할 거예요? 근데 교수님은 이걸 잘 들어주시니까 저도 북한에서 온 거를 숨기고 싶지 않아요. 너무 아름답고, 잊지 않고 싶은 추억이 많거든요. 저는 너무 행복한데 이런 추억을 누군가한테 얘기할 수 있다는 게 좋아요.

무인도에 간다면: 불, 라이터와 책

전: 그래 맞아. 내가 지금 물어보고 싶은 게 많네. 만약 네가 무인도에 간다면 가져가고 싶은 것 3가지가 있을까? 딱 3가지만 가지고 갈 수 있어.

최: 아무래도 불하고 라이터가 필요해요. 불 지피고 뭘 해 먹어야 하니까요. 그리고 라면. 일단 무인도 가서 먹고 살아야 하니까요, 그리고 책을 가져가고

싶어요. 원래 휴대폰이라고 하고 싶었는데 무인도니까 배터리가 나가면 못 하니까요.

전: 근데 궁금한 게 부모님은 데려가고 싶지 않니?

최: 아, 사람 데려갈 수 있어요? 그러면 당연히 부모님이죠. 엄마 아빠랑 무인 도 가서 살고 싶어요. 평생은 아니더라도 한두 달 정도 같이 가서 살면 너무 좋은 추억일 것 같아서요.

전: 또 필요한 게 있을까?

최: 이불 갖고 갈게요. 엄마가 감기 걸리면 안 되니까, 아 참, 이불 안 할게요. 침, 침, 침.

전: 침?

최: 그 맞는 침이요. 엄마가 계속 맞거든요, 엄마가 자주 체해 가지고,

전: 침을 놓을 수 있어?

최: 엄마 혼자 놔요. 아빠도 놓을 줄 알고 엄마도 놓을 줄 알고. 엄마가 침 없으 면 계속 체해요. 일주일에 몇 번씩 맞거든요. 그래서 침은 진짜 중요해요.

전: 뭔가 생명과 연결된 거네. 너는 침 못 놓니?

최: 엄마가 놔줘요, 엄마 친구도 한번 체해 가지고 한의원 갔는데, 뱃가죽에 몇 번 놔주더래요. 그랬는데도 안 낫는다고 엄마한테 와서 침 좀 놔달라고 해 서 나았어요.

전: 엄마가 배우셨어?

최: 제가 알고 있기로는 엄마 친구 중에 의사가 있거든요, 그 친구한테 배웠을 거예요. 어렸을 때 엉덩이 주사도 엄마가 놔줬고, 링거도 엄마가 놔줬고.

전: 엄마가 못하시는 게 없으시다.

최: 맞아요. 손에도 발에도 배에도 다 놔줘요.

마음의 지도, 그 중심에는 가족?!

전: 대단하시다. 사랑아. 있잖아. 하나만 더 물어봐도 되니? 이게 네 마음이야, 네 마음 안에 있는 것을 여기에 그려볼래?

최: 저는 가족이 가장 크게 있어요. 가족이 아마 4분에 1, 5분에 1을 차지하고 있을 거예요. 그리고 친구요. 평소 친구에 연연하지 말자고 생각하거든요, 그런데도 친구 관계에 계속 연연하게 되네요.

전: 친구가 중요하지.

최: 친구가 너무 중요한 거예요. 제가 아직 어린가 봐요. 친구에 집착하게 되는 거예요. 그리고 미래에 대한 걱정이 한 부분을 차지해요. 그리고 영어를 잘 해야겠다는 생각도 정말 크거든요. 그리고 예진 언니가 정말 좀 제대로 살 았으면 좋겠다는 걱정이 있어요. 그리고 제 건강요. 제가 쓸데없이 발목도 안 좋고, 한번 다쳤는데 그 뒤로 막 잘 꺾이지도 않고 그래요.

전: 발목은 물리치료라도 받아야겠네.

최: 네. 꾸준히 받아야 괜찮아지는데, 그리고 제가 또 뭐 척추 분리증 이런 게 있대요. 심한 건 아닌데 허리 쓰면 최대한 안 된다고 하더라구요. 저번에 헬 스 하다가 또 다쳐서. 제가 엄마 닮아서 엄청 자주 체하고 그런 것도 있거든 요. 여기저기 많이 아파요.

전: 좀 약한 체질인가?

최: 그런데 저는 아플 때도 최대한 아픈 거를 생각 안 하려고 노력해요. 그래서 지금 건강에 대해서 조금 생각하고 있고, 그리고 지금 어디에 살지, 집에 대 한 걱정도 있어요. 그리고 외모에 대한 걱정도 조금 있고요. 일단 얼굴도 살 짝 마음에 안 들고 그래요.

전: 오, 진짜? 이쁜데?

최: 그리고 제가 어릴 때 엄마가 주사를 놔줬었는데 제가 너무 애기라서 잘못 찌른 것 같다고 했어요. 한국 병원에서 상담을 받았는데, 같은 주사기를 씻

어서 사용하면 세균이 많이 들어간대요, 아무튼 그래 가지고 제가 엉덩이가 엄청 패였어요. 그 주사를 맞은 부위가.

전: 패어 있어? 주삿바늘이 좁은데?

최: 진짜 그냥 쑥 들어가 있거든요, 그래 가지고 저는 어릴 땐 몰랐는데 크면서 이게 콤플렉스인 거예요. 완전 쑥 들어가 있거든요. 엉덩이가 끝쪽은 괜찮은데 가운데 부분이 쑥 들어가 있거든요. 그래서 저는 이게 너무 콤플렉스에요. 그리고 눈이 좀 더 컸으면 좋겠고 그래요. 피부도 좀 하얬으면 좋겠고 그래요.

전: 작은 눈이 아닌데. 네가 원하는 이미지가 있구나.

최: 그런 것도 있고. 친구를 떠나서 또 인간관계에 대한 고민도 많아요, 새로운 친구도 생기고 또 연락 안 하는 친구도 생기고. 그리고 되게 그게 심한 것 같아요. 내가 친구한테 이만큼 해줬을 때 돌아오는 걸 바라고 하는 건 아닌데 돌아오지 못했을 때의 서운함도 있어요. 엄마는 "네가 누군가에게 무언가를 해줄 때 대가를 바라지 말고 해라."라고 하시거든요. 그래서 저도 좋은 말이라서 그렇게 하려고 하는데 그게 쉽게 안 되더라구요. 사람 마음이란 게 대가를 은연중에 바라게 되더라구요.

전: 그치. 생각하지 않으려고 해도 신경이 쓰이지. 그런 게 있지.

최: 그래서 인간관계에 대한 고민이 있어요. 그리고 제가 지금 복수전공을 해야 할지 말아야 할지, 이것도 고민 중이에요. 이것도 마음속에 꽤 크게 있네요.

전: 연애는 없니?

최: 제가 지금 연애를 적을까 말까 고민 중이었어요.

전: 연애 부분이 너무 적다. 연애가 제일 중요한 것 아냐? 만나는 사람 없어?

최: 없어요, 근데 제가 연애를 하게 되면 내 일에 집중을 못 할 것 같은 생각이 들어 가지고요. 요즘 제 주변에 연애하는 친구들이 많아요. 그래 가지고 나도 연애를 하고 싶다, 생각할 수 있는데, 저는 미래를 위해 노력해야 할 때라고 생각해요. 만약 연애한다면 꼭 나한테 도움이 될 수 있는 사람이랑 하

고 싶어요. 그리고 북한사람에 대한 걱정이 좀 있고 그래요. 요즘 들어서 북한 친구들이 보고 싶기도 하고. 그래서인지 북한 꿈을 자주 꿔요.

전: 아, 진짜? 무슨 꿈?

최: 근데 저는 항상 똑같은 꿈을 꿔요. 자주는 아닌데 한 달에 한 번 정도요. 제가 북한을 가는 꿈인데, 스토리가 비슷해요. 제가 한국에서 살다가 어떻게 해서 북한에 간 거예요. 지금 이 나이인데 저는 북한 사투리를 못 하겠는 거예요. 근데 저는 남한에 갔다 온 걸 티 내지 않기 위해서 노력하는 거예요. '어떡하지? 내가 이때까지 8년 동안 없었는데 사람들이 나를 어떻게 생각할까?' 하면서, 나 혼자 막 '어디 시골에 갔혔다.' 이렇게 거짓말을 하는 거예요. 남한에 갔다 온 것을 들키면 안 되니까. 그러면서 최대한 북한 사투리를 쓰려고 노력하는 그런 꿈을 계속 꾸거든요.

전: 근데 꿈이 납득이 가는 상황이다.

최: 네. 근데 제가 꿈을 꾸면서도 '이게 아닌데'라고 하면서도 진짜 북한인 줄 알았거든요, 그래서 '발음을 어떻게 해야 하지?' 하면서 땀을 뻘뻘 흘리면서 꿈꿨거든요. 그래서 항상 꿈에서 북한 친구들을 만나는, 극적인 상봉을 생각해요.

제3장 브로커와 폴링 인 러브(김가을, 20대 초반, 여성)

일시: 2021년 9월 29일 오후 5:00-7:00

인터뷰이: 김가을(22세 여성, 2019년도 탈북, 중국 경유)

인터뷰어: 전주람

글 구성 및 정리: 곽싱인

〈첫 번째 인터뷰〉

가족에 대한 기억: 폭력, 슬픔

전: 반가워, 가을아. 네 고향이 어디지?

김: 저는 2000년생이구요, 고향은 양강도 혜산시 혜강동이에요. 엄청 소구역[1]
인데, 거기서 태어났어요.

전: 혜강동? 그곳은 어떤 곳이니? 예를 들자면 분위기?

김: 분위기 엄청 좋아요. 다 땅집이거든요. 아파트가 근처에 별로 없고 다 땅집
이에요.

전: 땅집이면 초가집 말하는 거야?

김: 아, 맞아요. 판잣집 있잖아요. 철판으로 된 집이 별로 없고, 문이랑 벽이랑

---

1 소구역은 다른 내담자에 따르면 북한의 보위부에서 집중적으로 감시하는 곳이라 했다. 아
무래도 압록강과 중국이 맞닿아 있는 밀수촌이다 보니, 소구역으로 지정하여 관리했을 가
능성이 크다.

다 판자로 되어 있거든요. 그리고 그 동네 엄청 낡았는데도 잘 살아요. 왜냐면 거기가 밀수촌이거든요. 밀수촌이라고 아세요? 중국이랑 북한이랑 압록강을 사이를 두고 있잖아요. 압록강 바로 옆이어서 중국이랑 밀수를 해요. 중국이랑 거래를 하기 시작한 사람들이니깐 동네는 허술한데 엄청 다 잘 살아요. 아빠 엄마도 밀수를 했는데, 제가 엄마 배 속에 있을 때가 2000년도에요. 그때 녹화기 CD 알판 넣어서 돌려보는 거 있잖아요. 우리 엄마가 녹화기 밀수를 해 가지고 제가 엄마 배 안에 있는 해에 엄청 벌었대요. 그래서 아파트로 이사 갔거든요.

전: 엄청 부자였네. 거기서 아파트에 살면 부자잖아?

김: 그렇죠. 그렇게 이사를 하고서도 우리 엄청 잘 살았어요. 그런데 잘 살다가 또 망하기도 하고, 다시금 장사를 해서 또 일어나기도 하고. 혜산시에서 우리 엄마 이름 모르면 간첩이라고 할 정도로, 엄마가 유명했거든요. 엄마는 형제가 이모 한 명뿐이에요. 이모랑 엄마 이렇게 두 명. 우리 엄마 때는 형제가 대부분 많았을 텐데, 외할머니가 엄마 6살 때 돌아가셨거든요. 그래서 형제가 더는 없게 됐대요.

전: 외할머니가 일찍 돌아가셨네.

김: 그러니깐 우리 엄마도 엄마 없이 자라서 어릴 때 힘들었대요. 그래서 엄청 이를 악물었다고 하더라구요. 두 형제의 도움도 받지 않았고, 김밥 장사부터 시작했거든요. 저는 할아버지와 의붓할머니 손에서 자랐어요. 근데 웃기는 게 엄마는 이모랑 사이가 엄청 안 좋아요. 내가 컸을 때도 너무 사이가 안 좋아서 '저게 형제인가?' 할 정도였어요. 그리고 같이 장사를 했으니까 돈 문제에 맞닥뜨리면 둘 다 한 번도 양보를 안 하고 엄청 싸웠어요. '너랑 나는 이제 형제가 아니다'라고 할 때도 많았죠. 근데 저도 크다 보니 이해가 되는 게, 저는 언니가 한 명 있거든요. 언니랑 제가 북한에 있을 때 그렇게 사이가 안 좋았어요.

전: 가을이는 언니랑 뭐가 그렇게 안 맞아?

김: 언니랑 나랑은 완전 다른 성격이에요. 근데 어떨 때는 성격이 같은 것도 있

었어요. 형제니깐. 둘 다 A형이에요. 저는 어릴 때 엄청 사랑받으며 자랐어요. 욕도 안 먹고 맞지도 않았거든요. 근데 아빠 엄마가 엄청 사파(엄하다)시거든요. 그래서 언니는 엄청 맞았어요. 근데 저는 한 번도 안 맞았어요. 언니는 진짜 이틀에 한 번씩은 맞았어요.

전: 왜 언니를 그렇게 때렸을까?

김: 맞을 짓을 하기도 했고, 아빠 엄마가 원래 사파셨어요.

전: 가을이는 말을 되게 잘 들었니?

김: 전 아마도 지금 생각해보면 그랬던 것 같아요. '아 나도 저렇게 말을 안 들으면 맞는구나'라고 생각하고 더 각심하고 말을 잘 들은 것 같아요. 나는 언니가 이해가 안 됐거든요. 아빠 엄마 말을 안 듣는 게. 그런데 아빠 엄마도 사이가 진짜 안 좋았어요. 아빠 엄마도 진짜 매일 싸운 것 같아요. 하루에 두 번 세 번 싸운 날도 있었어요. 그냥 아빠 엄마는 눈만 뜨면 싸워요. 그냥 말로 싸우는 게 아니라, 아빠가 폭력을 쓰거든요. 아빠가 엄마를 엄청 때렸어요. 우리 엄마 키가 165cm에 몸무게가 75kg이거든요. 체격이 엄청 컸어요. 북한에서는 그렇게 키가 크고 몸이 좋은 사람이 별로 없거든요. 그런데 아빠는 키가 180cm에 몸무게가 80kg이었어요. 그니깐 엄마 아빠가 한 번 싸우면 집이 전쟁터 같았어요. 밥 먹다가 아빠 신경에 뭔가가 거슬리면 숟가락 내려놓고 밥상을 뒤집어버려요.

전: 그때 가을이는 얼마나 무서웠을까?

김: 그런데 저는 괜한 걱정을 했던 것 같아요. 그러니까 '애들이 좋아하면 울음이 터진다'라는 소리도 있잖아요. 애들하고 웃으며 놀다가 갑자기 웃음이 딱 멈춰지는 거예요. '내가 왜 이렇게 좋아하지? 내가 또 울 일이 생기려나?' 하고요. 지금 생각해보면 그때 울 일은 딱 하나였거든요. 엄마가 아빠한테 맞는 거, 그게 제일 슬펐거든요.

전: 반대로 엄마가 아빠한테 저항하거나 아빠를 때리지는 않았어?

김: 엄마가 아빠를요? 그러지는 않았고. 내가 엄청 어렸을 때였어요. 한번은 엄마가 참고 참고 버티다가 어느 날 아빠랑 술을 같이 마시고는 엄청 싸웠어

요. 엄마도 나름 빡쳤던 거예요. 아빠는 술을 5kg씩 마시는데, 엄마는 원래 술을 못 마시거든요. 참다가 술기운을 빌려서 빡 터진 거죠. 그렇게 지겹도록 아빠가 돌아가시기 전까지 싸웠어요. 아빠가 2013년도에 돌아가셨어요. 제가 그때 12살이었어요. 아빠가 돌아가신 것도 엄청 사연이 많아요. 복잡해요. (한숨)

전: 그러면 그 후로 어머니가 혼자 그 일을 해서 너를 키웠겠네? 그러면 2013년도에 아빠가 돌아가시고 어머니랑 살다가 무엇 때문에 한국으로 오게 된 거야?

김: 그렇게 아빠가 돌아가시고 엄마랑 언니 사이가 또 엄청 안 좋았어요. 겉으로는 잘 맞았는데 속으로는 안 좋았어요. 근데 우리 집안이 아빠가 2살 때 일본에서 귀국했어요. 귀국자 집안이면 북한에서는 엄청 그 토대를 가지고 뭐라 하거든요. 집안 토대가 안 좋으면 북한에서는 살아가기가 힘들어요. 근데 엄마도 아빠도 엄청 안 좋아요. 그래서 우리 언니는 '내가 여기 있어 봤자 시집을 가도 온전히 못 갈 것 같고, 또 엄마랑 사이도 안 좋고' 이런 생각을 했어요. 그래서 언니가 먼저 2015년도에 중국으로 갔어요. 근데 거기로 가게 된 게, 언니가 엄마한테 '난 중국에 가겠다'라고 해서 엄마가 '그러면 가라' 해서 가게 되었거든요. 그래서 엄마가 아는 지인을 통해서 2015년도에 정말로 언니가 갔어요. 그런데 2016년도에 언니가 알던 지인이 인신매매 사건에 연루되어 가지고 한창 죄가 드러나기 시작했어요. 그때 언니 문제가 딱 터져 나온 거예요. 언니의 지인이 우리 엄마 이름을 대 버린 거죠. 왜냐면 언니는 이미 없어졌고, 그 여자만 죄를 다 뒤집어쓰기는 싫으니까 누구 하나라도 물고 늘어져야겠다 생각한 거죠. '걔 엄마도 안다'라고 그 여자가 엄마 이름을 불렀어요. 그래서 보위부에 엄마가 잡혀 가지고 5개월 만에 재판을 했는데 '딸을 팔아먹었다'라고 재판 결과를 받고 '관리정치범교화소'로 보내졌어요. 그래서 저는 이모랑 둘이 살았죠.

전: 이모도 가족이 있었을 거잖아? 어쨌든 이모가 가을이를 돌봐준 거네, 어머니 교화소 갔을 때.

김: 그렇죠. 이모부가 일찍 돌아가셨어요. 아빠보다 더 일찍 돌아가셨거든요.

그리구 이모한테는 자식이 두 명 있는데 하나는 저보다 세 살 위인 오빠고, 하나는 저보다 1살 어린 동생이에요. 저의 언니가 중국에 갈 때 그 동생이랑 같이 갔어요. 그러니까 오빠만 남은 거죠. 그 오빠랑 이모랑 이모가 새로 만난 남자랑 우리 집에서 같이 살았어요.

전: 이모 집에서는 얼마나 살았어?

김: 이모 집에서 제가 산 게 아니고, 저의 집에서 이모가 살았어요. 이모도 엄청 잘 살았는데, 솔직히 저희보다 더 잘 살았는데 엄청 사치를 했거든요. 이모는 자기 집을 엄청 멋있게 꾸미고 세 칸짜리 집에서 살구 이랬는데, 어떤 사건 때문에 한 번 추방당했어요. 그래서 이모가 집을 뺏겼어요. 이모도 집이 없는 상태여서 엄마가 교화소 간 뒤로 우리 집에 들어와서 저랑 살았어요.

전: 엄마가 교화소 가고 그래서 한국 오기로 결심한 거네.

김: 네. 저는 이모랑 같이 살고 있는데, 언니가 자꾸 사람을 보내서 중국으로 오라구 해요. 저는 솔직히 겁나구 두려웠거든요. 왜냐면 엄마가 거기 갔잖아요, 제가 만약에 가다가 잡힌다 하면 저는 그냥 관리소에 보내지는 거예요. 차라리 그럴 거면 북한에서 쥐죽은 듯이 살겠다, 이런 마음도 있었어요. 엄마가 무형기로 간 게 아니라 12년이라는 형을 받고 갔어요. 근데 엄마가 나한테 편지를 보냈거든요. 아무래도 저도 언니 따라서 갈 것 같으니까 엄마두 두려운 거예요. 나도 만약에 떠나면 엄마는 10년 형을 살다가 끝나고 돌아 나왔을 때 희망이 없잖아요. 편지에 '가지 말라', '엄마 나올 때까지 기다리라', '엄마한테 면회두 자주 와라' 이렇게 쓰여 있었어요. 엄마는 교화소 안에서 면회도 올 수 있고 12년이 끝나면 나갈 수 있다고 들은 거예요. 그런데 실제로는 안 그래요. 면회도 못 가고 정치범교화소랑 일반교화소랑 다르기 때문에 정치범교화소는 면회도 안 되고 10년이 끝나도 못 나와요. 형식적으로 형기만 매기는 거예요. 형식적으로. 그리고 거기서 12년 동안 사는 사람이 없어요.

전: 그럼, 거기서 평생 사는 거야?

김: 아니요. 12년 동안 살 수가 없다는 얘기예요. 왜냐면 먹을 것도 엄청 적게

주고 일은 엄청 많이 시키고 또 들어가면 엄청 스트레스 받고 그럴 거잖아요. 3년이 되면 다 못 버티구 죽는다고 하더라구요. 근데 저로서는 포기하고 싶지 않았어요. 그냥 12년을 기다리고 싶었고 면회가 안 된다면 근처라도 가서 한번 보고 싶었는데 저한텐 권한이 없었거든요. 이모랑 같이 살고 있었던 형편이어서. 왜냐면 돈이 있어야 면회도 되는데, 또 제가 엄청 어리기도 했고. 그때가 18살이어서 아무것도 할 수 있는 게 없었어요. 한국은 자유가 있잖아요. 내가 아르바이트를 하고 싶으면 할 수 있는데, 북한은 그런 게 없어요. 더구나 나이가 어리니까 면회도 가고 싶었는데 가도 필요 없다고 해서요. 사실 이모가 필요 없다고 해도 가고 싶었어요. 제 마음이 편하기 위해서라도 뭔가를 해보고 싶었는데.

전: 그래서 엄마를 한 번도 못 봤어? 어머니 돌아가셨는지 어떤 상태인지 이런 것도 모르는 거야?

김: 네.

전: 근데 내가 듣기로는 돈 주면은 빼오구 하는 사람들도 많다던데. 실제로 그런 건 아니니?

김: 그게 안 돼요. 그게 엄청 복잡해요. 그리고 엄마가 엄청 소리(소문)가 많이 나게 살았잖아요. 엄마 사건이 터졌을 때도 '인신매매를 한 왕초다' 막 이렇게 소리(소문)가 터졌어요, 근데 우리 엄마는 그런 걸 할 줄도 몰라요. 인신매매로 사람을 넘긴 적도 없구요. 뭔가 많이 엮여 가지고 복잡해요. 운이 안 좋았던 거죠.

입남 과정: 언니가 보내준 브로커와 함께 떠난 여정

전: 그러면 언제 어떻게 넘어오게 된 거야?

김: 2019년도에 왔어요. 그때도 안 오려고 했는데 언니가 자꾸 사람을 보내서 할 수 없이 그때 왔어요. 2019년 2월 20일인가, 그때 북한을 떠났어요.

전: 언니는 중국에서 살았는데 어떻게 사람을 보내줬어?

김: 아니요, 언니는 중국에서 살다가 한국으로 와서 사람을 보냈어요. 먼저 한국에 들어와서 브로커를 보내준 거죠. 그래서 혼자 넘어왔어요.

전: 넘어온 경위도 사람마다 다르더라. 어떤 사람은 직행으로 진짜 편하게 온 경우도 있고 또 어떤 사람은 태국, 라오스 국경을 24시간 정도 걷기도 하고. 그런 게 일반적인 것으로 생각했는데, 가을이는 어떻게 왔어?

김: 다 그렇게 와요. 모두 다 중국을 거치고 베트남 거치고 라오스나 태국 이렇게 3~4개국을 다 거쳐서 와요. 무조건이에요. 안 거친다는 건 거짓말이에요. 왜냐면 중국에서 한국으로 바로 비행기 타고 올 수도 있잖아요. 근데 우리는 신분증이 없기 때문에 그렇게 못 와요. 그렇게 오는 사람이 있다고 해도 중국에서 10년 동안 살다가 가짜 신분증을 만들어서 비행기 타고 온다든가 해야 돼요. 그것도 국정원 다시 들어가서 하나원 거쳐서 나와야 돼요.

전: 그래서 직행으로 편하게 왔다고 하는 말은 거짓말일 수 있다는 거네.

김: 직행이라는 것은 중국에 살았냐 안 살았냐 차이에요. 중국에서 살다가 바로 오면 직행이고, 여러 나라를 거쳐서 오면 다른 거고. 그래서 저보구 직행이라고 하는 거예요. 그걸 빼면은 한국으로 들어오는 과정은 다 똑같아요.

전: 이럴 때 나는 이해가 잘 안 되는 거야. 어디서 사람을 만났고, 브로커를 언니가 보냈다고 하는데, 휴대폰이 있어야 가을이 너한테 연락이 갈 거 아냐. 휴대폰은 있었어?

김: 핸드폰이요? 북한 핸드폰이요? 네, 있었어요.

전: 아무리 브로커라 해도 생판 모르는 사람을 만나서 어딘가로 따라간다는 것이 나로서는 상상이 안 되는 거야. 무섭지 않았니?

김: 언니가 저의 집에 사람을 보낸 거예요. 브로커가 제 이름을 부르더니, 언니 이름을 대면서 그 사람이 보내서 왔다 하면 당연히 '그래요' 하게 되거든요. 그래서 그 사람이 '몇 월 며칠 몇 시까지 내가 오겠으니 갈 준비하고 있어라' 하면 내가 알았다고 하죠. 약속한 날짜에 준비하고 있으면 그 사람이 와

요. 그러면 따라가는 거죠. 그렇게 넘어와요.

전: 되게 무서웠겠다.

김: 저도 보위부가 엄청 많다고 생각했거든요. 한 번도 걸려보지는 않았지만 만약에 브로커한테서 연락이 왔다고 해봐요. 브로커가 언니 이름을 대면서 '걔가 보내서 왔다' 하면은 믿기가 어려웠어요. 실제로 그런 게 있어요. 저희도 전화할 때 이름을 안 부르고 암호 같은 걸 써요. 언니의 암호가 그때 '감자'였어요. 근데 아닐 수도 있잖아요. 보위부가 시켰을 수도 있거든요. 그래서 저는 항상 사람을 못 믿었어요. 무서워서요. 엄마도 그렇게 됐으니까. 근데 할 수 없죠. 나도 북한에서는 살길이 없고. 그런데 실은 저도 오고 싶지 않았거든요. 여기에.

전: 그러면 그 집에 이모님이 계속 사셨어?

김: 이모도 한국에 왔죠.

전: 그렇게 오게 되면 그 집은 어떻게 해?

김: 제가 마지막에 살던 그 집은 아파트였거든요. 꽤 비쌌어요. 갑자기 팔려고 하니까 무서운 거예요. 실은 갑자기 팔면 안 돼요. 왜냐면 '내가 지금 아파트를 판다' 하면은 보위부가 딱 각성하거든요. "쟤가 집을 왜 팔지" 이렇게요. 그래서 버리고 오려고 생각했어요. 근데 버리고 온다는 게 너무 아까운 거예요. 말이 쉽지. 그래서 그 집을 팔고 작은 집을 하나 샀어요. 근데 남들은 저보고 그 작은 집을 사지 말라고 했어요. 이모랑 브로커랑도. 근데 제 딴엔 생각이 있었어요. 넘어가기 전까지 생각보다 시간이 많이 걸려요. 그 브로커가 '몇 시다' 그러면 그날에 무조건 넘는 게 아니거든요. 일도 생길 수 있고 또 중국에서 대방[2]도 나와야 되고 북한에 있는 브로커들도 시간을 맞춰야 되고. 그다음엔 또 맞춘다고 해도 양쪽 사람 다 맞춘다고 되는 것도 아니고, 중간에 또 사람이 맞춰져야 되고 저마다 시간이 다 맞아야 하니까 힘들죠. 저도 그래서 넘어간다고 하고 5개월 후에 떠났어요. 정확히 4개월

---

2 '상대방'의 북한어로 해석된다.

뒤에. 시간이 엄청 많이 걸리는 것을 저는 알았거든요. 예상하고 있었으니까 집을 산 거죠. 올 때는 그 작은 집을 버리고 왔어요.

전: 어떻게 보면 가을이도 넘어올 준비를 했네. 그 큰 집을 그냥 버리기는 아까우니까.

김: 그 큰 집은 헐값에 팔았어요. 당장 팔려니까 집이 안 팔려서, 그리고 제가 딱 봐도 저의 집이 뭔가 잘되는 집이 아니었어요. 집터가 별로 안 좋거든요. 아빠도 거기 들어가서 돌아가셨고 엄마도 그렇게 갔고 언니도 떠나갔고. 뭔가 집터도 안 좋고 집에 들어오면 분위기도 딱 얼어있고. 그리고 제가 집을 팔기 몇 달 전부터 이모도 나가서 살았어요. 저랑 이모가 사이가 안 좋아가지고. 그래서 집에 딱 들어오면 뭔가 으스스한 분위기 있잖아요. 아파트에 살려고 사람이 딱 들어오면 뭔가 집 같은 포근한 분위기랑 그런 게 있어야 하는데 그게 없어요. 그것이 일단은 제일 중요하다고 생각하거든요, 저는. 집에 사는 사람의 입장에서는. 그래서 가격을 확 떨구어서 팔았어요. 안 떨구었으면 아마도 못 팔았을 거예요. 차라리 그거라도 건지는 게 낫다고 생각을 해 가지구 팔고 그 돈을 거기서 막 썼어요.

전: 집 팔아 가지고 어디에다 돈을 썼어?

김: 엄마랑 있을 때는 제가 돈을 엄청 잘 썼는데. 엄마가 그렇게 되고 나서부터 이모랑 같이 살았는데, 그때도 언니가 돈을 보내줬거든요, 중국에서. 근데 제가 그 돈을 못 쥐고 이모가 관리를 했어요. 이모가 그 돈을 다 쥐고 있어서 제가 이모한테 돈을 타서 쓰는 상태였어요. 제가 성격이 좀 안 좋긴 하지만 암튼 이모랑 엄청 안 맞았었어요. 그동안 하고 싶은 걸 못하고 살았잖아요. 그 스트레스를 돈 쓰는 것으로 풀었어요. 새로 나온 핸드폰도 사구요. 넘어가기 직전인데도 옷을 샀어요. 버리고 가야 한다는 것을 알면서도. 근데 '내 손에 돈이 있으니 예쁜 옷도 사고 며칠이라도 입자' 하는 심정으로 옷을 엄청 많이 샀어요. 핸드폰도 막 여러 개 받고 그러고 왔어요.

전: 옷을 다 거기다 버리고 왔겠네?

김: 버렸죠.

전: 근데 언니나 이웃집 아줌마처럼 누구라도 같이 넘어왔으면 덜 무서웠을 텐데, 어땠어?

김: 저 엄청 겁이 많거든요, 아빠 닮아 가지고. 언니는 겁이 없는데. 근데 말씀 드렸지만, 언니가 보낸 브로커가 저보다 5살 이상 많은 남자였거든요. 그래서 믿음이 갔어요. 남보다는 낫잖아요.

전: 혹시 그 브로커랑 만나자마자 사귀었니?

김: 그냥 몇 번 만났는데, 그 사람이 먼저 대시를 해 가지고 사귀었어요. 왜냐면 나도 마음이 있었거든요.

전: 그 사람은 어디 사람이야?

김: 같은 혜산 사람이죠. 그래서 신뢰가 갔어요. 그게 제일 컸던 것 같아요. 나이도 어리고 또 너무 똑똑해 가지고. 왜냐면 그런 일을 하려면 좀 똑똑해야 하거든요. 이런 일은 일 처리가 깔끔해야 해요. 뭔가 흘리고 다니면은 보위부가 다 캐요. 그러면 죽잖아요. 근데 뭔가 이 사람이라면 믿어도 되겠다는 생각이 들었어요. 근데 딱 사귀었는데, 성격이 너무 아닌 거예요. 똑똑하긴 한데 북한에서 뭔가 잘 나갔어요. (인기가 많았다는 얘기다) 나도 그 사람 못지않게 괜찮긴 했거든요. 근데 항상 내가 더 좋아하는 느낌이 들고 나를 걱정시키고 이러니까 불편했죠. 저는 그런 사람 안 좋거든요. 나는 내가 하라는 대로 하는 사람을 좋아해요. 사귄 지 2개월 되는데 '아, 나는 얘랑은 안 되겠다.' 이런 생각이 자꾸 드는 거예요.

전: 걔가 너를 걱정시켰어?

김: 뭔가 불안한 거예요. 걔가 밖에 나가면은. 다른 여자들이 자꾸 붙들 것 같고. 그러구 뭔가 그런 거 있잖아요, 내가 혼자 있을 때는 엄청 자신감 있는데 그 사람이랑 있으면 엄청 작아지는 느낌.

전: 그 사람이 뭐가 좋았어? 잘 생겼니?

김: 네, 그 사람이 북한에서는 잘 생기기도 했어요. 근데 돈을 잘 벌었으니까 옷도 엄청 잘 입은 거예요. 근데 저는 그런 것에 꽂히거든요. 뭔가 옷 잘 입구

하면 막 눈에 꽂히거든요. 왜냐면 어릴 때부터 잘 살아 가지고 엄마가 중국의 집 공업품을 했어요. 엄마가 옷 장사를 했거든요. 옷에 엄청 관심이 많았거든요. 그러니까 막 내 눈에만 보이는 거예요. 막 멋있어 보이는 거예요. 남들도 다 그렇게 생각을 했겠죠. 실은 그게 사실이었어요. 근데 성격이 뭔가 차가워 가지고 여자랑 막 사귀고 이런 성격은 아니었는데 뭔가 항상 쟤가 나가면 불안하고 막 이런 거 있죠. 막 미칠 것 같은 거예요. 내가 신경 쓰다가 머리가 나빠질 것 같고, 그리고 같이 있으면은 뭔가 편하고 그런 느낌이 아니에요. 같이 있으면 뭔가 답답하고 내가 그 사람한테 지배당한다는 느낌이 들었어요. 사람은 뭔가 처음에 만났을 때 인상이 오래가잖아요. 제가 그 사람을 처음 만났을 때는 엄청 외로울 때였어요. 이모도 가고 저 혼자 살았다고 했잖아요. 나는 외롭고 걔는 브로커구. 그래서 걔 말을 엄청 잘 들었던 거예요. 그러니까 아, 뭔가 헤어지고 싶기는 한데 브로커니까 같이 와야 하고. 그래서 헤어지지 못하는 거죠. 할 수 없이. 그런데 그때는 사귀었는데, 사귀는 상태에서 넘어왔는데 한국에 오고 나서부터 헤어졌어요.

전: 브로커가 돈을 잘 버니? 어쨌든 안전하게는 왔네. 남이 아니라 남자친구였으니까 안심이 됐을 거라 생각해.

김: 네, 엄청 잘 벌어요. 북한에서는, 더군다나 혜산에서는 브로커가 제일 돈을 잘 벌었던 것 같아요. 그리고 남자친구니까 올 때도 엄청 챙겨줘 가지고.

전: 넘어올 때 먹을 것도 없고 체력적으로도 엄청 힘들다고 하던데 괜찮았어?

김: 체력이요? 체력이 안 돼 가지고 좀 힘들긴 했어요. 산 넘어올 때.

전: 몇 년 지나서 그때를 생각하면 다시는 못하겠지?

김: 근데 뭐 상황이 주어지고 길이 그것밖에 없다 하면 또 해야죠.

전: 그러면 한국에 딱 왔을 때는 마음이 어땠어? 2월 20일이라 했었나?

김: 2월 20일에는 중국으로 넘어갔구, 한국에 도착한 것은 5월 9일이었어요. 그리고 국정원에 몇 달 있었고 하나원에도 또 몇 달 있었고. 한국에 내가 자유의 몸으로 진짜 딱 나온 때는 2019년 10월 10일이었어요.

전: 가을이는 날짜를 잘 기억하는구나. 근데 가을아, 다음 주면 딱 2년이 되네. 어떻게 보면 2년 동안 많은 일을 했네. 대학도 붙고 학교도 지금 다니고 있고. 10월 10일에 자유의 몸으로 딱 떨어지니까 마음이 어땠어?

김: 안 좋았어요, 별로. 집착인지는 모르겠는데, 저는 엄마를 엄청 좋아했거든요. 근데 '엄마 없는 한국이다' 생각하니까 별로 반갑지도 않았구요. 아, 목숨은 건졌네, 뭐 이런 느낌.

전: 그렇지. 자유가 있으면 뭐해. 엄마가 곁에 있어야지.

김: 그런데 북한에 있을 때도, 엄마가 옆에 있어도 항상 불안하긴 했어요. 왜냐면 엄마가 비법장사 해가지고, 그래서 막 잡혀가고 구류장도 엄청 많이 들어가고 해서 고생하긴 했는데. 그래도 그때가 좋았어요. 엄마를 볼 수 있었고. 그랬는데 언니는 달랐거든요. 언니는 친구도 엄청 많고, 나가서 노는 것도 엄청 좋아했고, 남자친구도 많이 사귀고, 다니는 걸 언니는 엄청 좋아했어요. 저는 친구도 별로 없었구요. 딱 친구 한두 명 이 정도 남자친구 사귀고. 언니처럼 하지는 않았거든요. 저는 항상 집에 있었구 엄마를 항상 도와주었구. 근데 다시는 북한에 못 가잖아요. 영원히 죽을 때까지 못 가는 거잖아요. 그게 되게 슬펐어요. 처음에 나와서는.

전: 생사라도 알 수가 없나? 그런 방법이 전혀 없어?

김: 없어요.

전: 그럼 가을이는 한국에 와서, 그러니까 재작년부터 어떻게 살았어? 네 말대로 좋은 걸 봐도 좋은 게 아니었을 것 같은데.

김: 좋은 걸 봐도 좋은 게 아닌 게 아니라 안 좋아 보였어요. 모두 다. 그래서 딱 1년 동안은 아무것도 안 하구요. 처음에는 살쪄 가지고 다이어트 때문에 스트레스 받고 그랬거든요. 근데 지금 생각해보면 모든 게 다 두려웠던 거예요. 아무것도 모르고, 어디를 나가려고 해도 지하철을 탈 줄도 모르고, 버스 탈 줄도 모르고. 그리고 제 성격이 뭔가를 몰라 하더라도 막 부딪치고 하는 성격이 아니거든요. 되게 보면, 북한사람이 다 그럴 걸요. 70~80%는 다 저 같은 성격이에요. 한국 학생들은 막 이것저것 부딪치고 이런 걸 많이 듣고

자랐을 거잖아요. 북한은 그런 게 없어요. 북한은 뭔가 딱 하라고 하면 하라는 대로 하고 무조건 지켜야 되고 그래요. 그렇게만 살다 보니까 뭔가 모르면은 '괜찮아' 같은 긍정적인 마인드가 없거든요. 모르면 다 바보 같고. 북한에서 같이 나온 애들한테 연락하면은 '걔는 되는데 나는 왜 안 되지?' 생각하면은 자존심 떨어지고. 그래서 다 참아내는 거예요. 아예 안 듣는 거죠. 그냥 '내가 제일 못한다.'라고 인정해버리는 거죠. 그 누구하고도 연락 안 하고. 그러니 자신감이 엄청 떨어진 데다가 살도 10kg 정도 더 쪘어요. 북한에 있을 때보다 쪘어요. 북한에 있을 때는 엄청 날씬하고 학교 다닐 때도 엄청 이쁘다고 생각했거든요. 그런데 여기 와서는 그런 게 없어졌어요. 근데 살이 엄청 찌고 하니까 내 모습이 아닌 거예요. 어느 순간 거울을 봤는데 내가 아닌 거예요. 저는 어릴 때부터 미(美)에 막 집착하는 성격이었거든요. 그런데 살찌고 보니 막 죽고 싶고 그러더라구요. 왜냐면은 아무것도 없고 엄청 못생겨지고 아무것도 모르고 하니까 너무 힘들었어요. 그리고 제일 힘든 게 말도 잘 못 하겠고, 한국말 절반은 알아들을 수 있겠는데 더 번질(이해할) 수가 없었어요. 그리고 또 제가 완벽주의 성격에 가까웠던 거예요. 완벽하지 않으면 아예 뭔가를 안 해버리는 성격이에요. 말도 못 하니까 어디 나가지도 못하겠고 그냥 집에 있었어요. 먹구 자고 또 자면 살찌잖아요. 그럼 또 울고 그래요. 자다가도 또 먹고, 먹고 나서 살찌면 또 스트레스 받고. 이렇게 반복되는 거예요. 그렇게 살다가 어느 순간 지하철 타는 것도 조금씩 익히고, 버스도 타고, 뭔가 말도 조금씩 되는 것 같고, 그래서 '아, 그래 아주 살짝 발전하네' 이런 걸 조금씩 느끼면서 살고 있어요. 처음에는 이왕 한국에 왔으니까 한국에서 나는 뭐가 될 거야, 나는 바리스타가 될 거야 하는 원대한 꿈은 하나도 없었어요. 일단 살아야 하니까. 또 생계비가 6개월이면 짤리거든요. 짤리면 그 후로 내가 선택을 해서 뭔가를 해야 해요. 대학교에서 뭐를 배울 것인지, 아니면은 그냥 어린 나이라도 그냥 일을 할 건지, 뭔가 선택을 해야 해요. 근데 선택을 못 하겠는 거예요. 대학교를 선택했다가 후회가 되거나 공부가 힘들다고 때려치우면은, 그때 가면 또 투자한 시간이 아깝잖아요.

전: 그렇지. 고민이 많았겠구나.

김: 그렇죠. 대학교를 선택 안 하면 나가서 일해야 하는데, 시간이 지나고서 대학교를 들어가면 나이는 더 먹었을 거고 더 늦어지게 되고. 그래서 1년 뒤에는 막 선택 장애가 온 거예요. 어느 것이 옳은 것인지 몰라서 어떤 걸 선택해야 후회를 안 할까 이런 거요.

전: 그래서 누구랑 논의 좀 했어? 언니하고는?

김: 언니도 항상 말을 해줘요. '대학교에 가라, 네가 나이가 어리기 때문에 대학교에 들어갔다가 때려치워도 상관없다, 한국 애들이 하는 걸 다 해봐라' 했어요. 근데 저는 그런 게 아니거든요. '할 거면 정확하게 하고, 안 할 거면 하지 말자' 이런 성격이어 가지고. 그런데 그때는 안 그랬거든요. 그때는 '이왕 힘들어서 때려치울 거면은 지금부터 돈을 벌겠다.' 이런 생각이었어요. 그러다 어느 순간 갑자기 '뭐 대학교 다니다가 안 맞으면 나올 수도 있는 거고 내 인생이니까 누가 뭐라고 해도 내가 하고 싶은 대로 하자' 그랬어요. 저는 남의 시선을 엄청 신경 쓰는 스타일이에요. 그런데 지금은 남이 어떻게 생각하든 더 신경 쓰지 말고 내가 하고 싶은 걸 하자 그래요. 그래서 학교에 들어갔어요.

생각의 전환: 내게 허락한 시간

전: 가을아. 내가 아는 어떤 언니는 나이가 30살이 넘었는데, 여기 온 지 한 4년~5년 됐을 거야. 그런데 지금까지도 학교 안 가고 아무것도 안 하고 그냥 집에 있는 거야. 그러니까 네가 아까 말한 것처럼 1년 정도 울고 막 그랬었잖아. 그런 것처럼 그 언니는 지금도 완전히 폐인같이 집에 있기만 하거든. 근데 가을이는 어쨌든 '내가 뭔가 이제는 해야 되겠다' 생각하네. 큰 꿈은 아니어도 지하철을 타고 버스도 타고, 조금씩 나아졌잖아. 그렇게 나아진 계기가 있어? 그러니까 너 스스로 생각이 바뀌었어? 아니면 무슨 계기가 있었어? 어때?

김: 저는 그때 우울증 겪을 때도 내적으로는 생각했었어요. 현실에 부딪혔는데 내가 북한사람이고 말도 못 하고 아무것도 없고 가진 것도 없고. 아무것도 없는 주제에 자신감만 있다 하면 그건 정상이 아니거든요. 저는 그렇게 생각해요. 내가 정상이기 때문에 내가 생각하는 것이 정상이라고. 현실을 자각하기 때문에 저는 자존감이 떨어졌다고 생각했거든요. 이게 실은 정상인 거예요. 아무것도 없는 주제에 자존감만 하늘을 찌른다 하면 그건 머리가 살짝 이상한 애인 거죠.

전: 그런 생각도 했네, 혼자서.

김: 그렇죠. 그런 시간이 당연히 있어야 한다고 생각했어요. 물론 그런 생각 없이도 무난하게 하나씩 배우면서 극복하는 애들도 당연히 있겠죠. 그것도 정상이고 저도 정상이라고 생각했어요. 근데 그런 시간에 저는 빨리 빠져나오고 싶었어요. 어떤 것을 기대했느냐면요. 제가 우울증으로 바닥을 헤매고 있는데 어떤 계기로, 누군가의 도움으로 순식간에 일어서는 그런 걸 기대했었어요. 그것도 다 예상했어요. 내가 바닥에서 헤맬 거다는 걸. 북한에서 떠날 때 다 예상은 하고 있었어요. 근데 금방 일어서겠지 했는데 속도가 너무 더딘 거예요. 실망도 했었어요. 내가 우울해서 실망한 게 아니라 내가 이 상황을 확 바꿀 수 없다는 게 실망스럽고 그게 너무 답답했어요. 그래서 생각한 게 '시간이 필요하다'였어요. 시간이 필요한데 그걸 너무 급하게 바꾸려고 노력하다 보니까 나만 괴로운 거죠. 그래서 흘러가는 대로 기다리는 거예요. 그냥 버티는 거예요. 1년이든 2년이든.

전: 근데 가을아. 어떻게 보면 네가 너 자신한테 그런 시간적 여유를 줬다고 하는 게 쉽지는 않았을 텐데.

김: 저한테 여유를 주는 시간이 1년이었어요. 그 뒤부터도 사실 여유가 생기지는 않았어요. 근데 여유를 가지라는 생각이 생겼어요. 1년이 지나서 갑자기 여유가 생긴 게 아니고, 1년 동안 생각한 게 여유를 갖자 이거였어요. 그래서 그 후부터는 생각을 자꾸 하는 거예요. '여유를 가지고 천천히 하자'. 그런데 사실 잘 안 보였어요.

전: 진짜 마음 아픈 1년의 시간이었네. 네가 그래도 에너지가 있나 보다.

김: 그럴까요. 1년 동안 먹고 자고 하면서 항상 드는 생각이 이 굴레를 벗어나고 싶은데 구멍을 못 찾아 가지고 헤매는 느낌이었어요.

전: 네가 그럴 때 누군가에게 빨리 손을 내밀면 좋았을 텐데. 그런데 또 이렇다. 네가 마음이 안 좋은데 누군가가 너한테 손을 내밀면 그게 또 받아들여지지 않겠지.

김: 맞아요. 그게 정답이에요. 누군가의 도움으로 갑자기 일어서고 싶다 하는 것이 제일 틀린 생각이에요. 그냥 내가 하고 싶은 거 하면 될 것 같아요. 마음에 어떤 준비가 됐을 때 3년이든 4년이든 내가 준비됐을 때. 내가 집에 있고 싶은데 남들이 '쟤는 여기 온 지 4년 되고 5년 됐는데 맨날 집에 있어.' 그래요. 그렇다고 그 시선 때문에 불안해하면 안 바뀌거든요. 저는 내가 나가고 싶어 해야 나가지, 누가 밖에 나가라 해서 나가지는 않아요. 나갈 수 있을지는 몰라도 언젠 다시 들어와요. 내 마음이 아니기 때문에.

전: 맞아. 억지로 하는 것은 좋지 않아.

김: 그렇죠. 다시 돌아와요. 그때 가서는 또 제자리인 거죠. 더 힘들어지고 하니까. 저 집에 있을 때 언니하고 주변에서도 엄청 뭐라고 했어요. 왜 너는 집에만 있냐 그래요. 다른 애들은 나가서 남자친구 사귀고 놀러 다니고 클럽도 다니고 이러거든요. 다른 애들이 그런 에너지가 있다는 게 살짝 부럽기는 했어요. 쟤들은 그러는데 왜 나는 안 그럴까. 그런 죄책감 같은 것이 들기는 했죠. 근데 내가 원하는 거는 내가 집에 그냥 있는 거니까. 그때 우울은 했지만 조금은 집에 있는 걸 즐겼던 것 같아요.

성격과 개명(改名): 급하면서 겁이 많고…

전: 네 성격이 좀 긍정적이니?

김: 한쪽으로는 그런 긍지가 있어요. 아무것도 모르는데 진흙탕인지 흙탕인지 분간 못 하고 들어가고 이러는 거 안 좋아해요. 뭔가 좋은 게 내 눈에 좀 보

일 때 그걸 해보고 싶고 그래요. 내가 이거다 할 때 내가 선택해서 갔을 때 후회하더라도 뭔가 하나 배웠구나, 이렇게 생각해요. 남들이 떠밀어 가지고 가게 됐는데 내 것이 아닐 때는 누구도 탓을 못 하잖아요. 저는 나쁜 일이 생기는 걸 안 좋아하거든요.

전: 어떻게 보면 네가 조심성이 되게 많다고 볼 수 있겠구나.

김: 맞아요.

전: 겉으로는 막 웃고 이래도 되게 신중한 편인가? 좀 꼼꼼한 편이니?

김: 아니요. 두 가지 성격을 다 가지고 있어요. 엄청 급하면서도 조심성 있는. 이거는 급하게 해도 된다 하면은 성격이 엄청 급해져요. 그런데 막 한국에 와서 첫발을 내딛는 거고, 여기서 시작을 어떻게 하느냐에 따라 앞으로 10년이 결정되고 그러잖아요. 이런 순간이 되면은 엄청 진지해지고 그래요.

전: 그럼 가을아. 어떻게 학교 간 거야? 학교는 네가 찾았어?

김: 아니요, 제 동생(이모 딸)이요. 저는 학교 졸업장이 있었거든요.

전: 고향에서?

김: 네. 고등학교를 고향에서 졸업했기 때문에 내가 굳이 여기서 고등학교를 또 다니겠느냐, 굳이 어린애들이랑 자존심 상하게, 이런 생각에 학교를 안 다녔거든요. 근데 제 동생(이모 딸)은 북한에서 학교를 못 다닌 거예요. 걔는 졸업장이 없으니까 할 수 없이 학교에 다녔어요. 대안학교를요. 그 동생이 제가 너무 우울해하니까 바리스타 학원이 딱 끝났을 때 권한 거예요. 그때가 언니 남자친구 생일이어 가지고 집 안에서 잔치를 했었거든요. 그때 그 동생이 권했어요. 근데 우리 집안은 대대로 술꾼들이 많아요. 저만 술을 안 마시는 거예요. 근데 그날은 속에서 막 취하고 싶다는 느낌이 강해 가지고 맥주를 한 병 마시고 취해서 울었어요. 뭔가를 하고 싶은데 뭘 해야 할지 몰라서 그랬어요. 그런데 동생이 저한테 학교에 나와서 공부는 안 하더라도 뭔가 보이는 게 있을 거다, 그러는 거예요. 저는 언니 집에도 안 갔거든요. 인천에서 3년 동안 아무 곳도 안 가고 누가 와도 문도 안 열어주고 3개월 동안 갇혀 있었어요. 근데 새로운 사람을 만나면 자각이 생길 거잖아요. 그래서 용기를

냈어요. 예전의 내 모습은 엄청 예뻤는데 살찐 내 모습을 기억하는 게 너무 무서웠어요. 그래도 언젠가는 확 변할 거라 생각했어요. 근데 집에만 있다고 해서 갑자기 내 모습이 안 바뀌잖아요. 할 수 없이 부딪치면서 지금 내 모습도 보여주고 해야지 하고 생각이 바뀐 거죠. 제가 그때 70kg이 넘었어요. 제 키가 164cm인데 70kg이 넘어 가지고 머리도 커지고 그랬죠. 근데 저는 북한에서 넘어올 때 50kg이었거든요. 남쪽 학교에 갔는데 한 친구가 북한에 있을 때 저를 알았대요. 걔가 날 못 알아보는 거예요. 그러니까 어느 순간 살도 빼야겠네, 이런 생각이 들었고 대학교도 가야겠다, 이런 생각도 들었어요. 조금씩 나아졌고 지금도 나아지고 있는 단계예요.

전: 근데 왜 이름을 바꿨어? OO이도 예쁜데?

김: 이름 안 예뻐서요. 북한에 있을 때부터 마음에 안 들었거든요.

전: 그러면 가을이라는 이름은 네 스스로 지은 거니?

김: 네. 원래는 '작명소'에다가 돈을 내서 하려고 했어요. 근데 30만 원이라는 거예요. 너무 비싸기도 하고 어차피 내 마음이 제일 중요하니까. 30만 원 내고 지었는데 내 마음에 안 들면 안 되잖아요. 내 마음에 들면 다 좋은 거고 내 느낌이 좋으면 되는 거잖아요. 그래서 제가 지었어요. '다 예쁘다'라는 뜻으로 '가을(가명)'이라고 지었어요.

전: 그러니까 '모든 면에서 아름답다.' 이런 의미네.

김: 북한에 있을 때는 외모만 예뻤는데. 마음은 엄청 '싸가지'였어요.

전: 착했을 것 같은데.

김: 솔직히 마음은 착해요. 저도 인정은 해요. 마음이 악하진 않거든요. 근데 눈길이랑 말투, 이런 게 타인의 아픈 것만 찌르는 그런 게 있어요. 왜냐면 타인을 봤을 때 그 사람의 단점이 보이거든요. 그러면 저는 딱 찍어서 말해요. 그러면 사람들이 다 '싸가지'라고 해요. 그래서 깨달은 게 여기서는 마음도 예뻐야겠다 생각해서 교회를 다니기도 했어요. 근데 완전히 믿는 건 아니에요.

전: 기독교는 어떻게 믿게 된 거야?

김: 하나원에 있을 때 종교는 내가 원하는 데 갈 수 있었어요. 기독교 쪽을 한 번 가봤는데 마음이 착한, 그런 느낌이 떠올라서 좋았어요. 그런데 사실 예수님이 우리 죄 때문에 죽었다, 이런 건 진짜 안 믿어지거든요. 사람이 어떻게 죽었다 깨어나요. 근데 하나님은 믿어요. 하늘이 있기 때문에. 그리고 내가 악하게 살게 되면 내 자식이 그 벌을 받겠다는 생각이 들기는 해요. 근데 '나는 엄청 착하게 살았는데 왜 나는 안 되지?' 이러면 그 조상이 뭔가 잘못했을 거예요. 근데 예수님은 안 믿어요. 근데 기독교를 믿으면서 드는 생각이 사람은 착하게 살아야겠구나 하는 거예요.

전: 그래도 이름을 예쁘게 지었네. 2~3년 사이에 많은 게 변했다. 네가 말한 것처럼 박스에 갇혀 있듯이 산 생활도 해봤고, 이름도 스스로 바꿔서 의미부여를 아름답게 했고. 근데 갑갑하다든가 엄마의 안부를 모르는 것처럼 인간이 어떻게 할 수 없는 부분들이 있잖아. 그래도 네가 하나님을 믿게 됐으니까 종교 안에서 기도라도 할 수 있으니 얼마나 감사하니. 앞으로 어떻게 살아야 할지 고민이 많을 것 같네. 어떤 계획이 있어?

김: 뭐든 다 마음의 여유를 가지고 하나씩 배워가는 거예요. 한국에 온 지 10년 차까지는 그럴 생각이에요. 5년까지는 뭔가 많이 배우겠다, 이런 목표를 가지고 자세를 낮추고 많이 배우겠다 하고 있어요. 이제 대학교에 가게 되면 많이 힘들 거예요. 그렇지만 포기하지 말고 대학교를 졸업하자, 지금 제일 많이 하는 생각이 '포기는 하지 말자'에요.

전: 뭐든 일단 해보자, 이런 거구나.

김: 부딪쳐서 해보고 진짜 이거는 아니다 하면 두 번째를 해보구. 두 번째는 포기하지 말고 삶의 끈을 놓지 않고 살자 그런 거예요.

하루의 일과: 주말에는 언니와 형부랑

전: 그러면 가을아. 요즘은 일과가 어떻게 돼?

김: 제가 요즘 새로운 걸 하나 도전했거든요. 알바를 시작했어요. 서빙 알바. 주말에 언니 집에 가는데 거기서 찾은 거예요. 되게 고마운 게, 언니가 남자친구를 만났는데 그 사람도 북한사람이거든요. 언니보단 8살 이상이고 저보단 12살 이상이에요. 근데 한국에 온 지는 10년이 넘었어요. 근데 한 번 장가를 갔다가 왔어요. 애기도 있고 그래요. 애기는 엄마가 데리고 갔어요. 저는 형부라고 부르는데 그 형부가 엄청 괜찮아요. 저를 엄청 많이 챙겨줘요.

전: 그럼 언니는 애기를 안 낳아? 아직 생각이 없대?

김: 아직 사는 게 안정이 안 돼 가지고. 저는 기숙사에서 살고 있는데 주말에는 집에 가야 해요. 그래서 저는 언니 집에 가거든요. 언니 집 주변에서 알바를 찾은 거예요.

전: 그럼 주말에는 언니랑 형부랑 셋이서 지내겠네?

김: 네.

전: 어떻게 서빙 알바를 생각했어?

김: 알바를 하면 뭔가를 더 배울 게 있을 거잖아요. 하나씩 익혀가는 거예요. 하나씩 해보자 하는 마음을 가지고 알바 찾았어요. 근데 알바가 시급도 엄청 높고 일도 별로 안 힘들고 사장님도 괜찮고 그래요. 또 '마음먹으면 하나씩 되네' 이런 느낌이 들어서 좋아요. 그럴 때마다 성취감이 있어요. 그리고 내가 알바로 번 돈으로 쇼핑도 하고 살이 좀 빠졌으니까 예쁜 옷도 사 입고.

전: 근데 그때보다 턱선이 좀 얇아진 것 같다.

김: 어제 갑자기 폭식을 했지만 살이 많이 빠지기는 했어요. 좀 더 나아지려고 해요.

전: 그럼 서울 여기저기 좀 다녀봤어? 지하철 타고?

김: 지금 슬슬 그런 생각이 들었어요. 살 빠지고 하니까 어디 놀러 가고 싶고 그런데 혼자 갈려니까 갈 데가 없어요. 코로나 시기여서 클럽에도 못 가고. 갔다가 코로나 걸릴까 봐. 저는 좀 신중한 편이여 가지고 그래요. 이왕 기다린 거 조금 더 기다려서 코로나 끝나면 가자는 마음이에요.

전: 가을이는 너만의 색깔이나 너만의 매력이 있다. 선생님이 듣기에는 그러네. 어떻게 해야 하는지, 어떻게 하면 안 되는지 그런 게 있네. 돌다리도 두드려보고 건너자는 마음도 느껴지고 그러네. 급하게 마음먹는 것보단 하나씩 도전을 해보면 좋은 에너지가 느껴질 거야.

김: 진짜요?

전: 지금 상황이 되게 슬플 수도 있잖아. 근데 뭔가 긍정적인 에너지가 느껴져. 네 이름이나 웃는 모습에서도 느껴져. 나는 네가 부럽다. 20대 초반에 가질 수 있는 그런 거 있잖아. 순수하면서도 하나씩 뭔가에 도전하는 것이 멋있다. 네가 뭔가를 해보고 싶다는 게 나는 부러워지는데. 그리고 너 정말 예뻐. 얼굴은 예쁜데 말을 안 예쁘게 하면 얼굴도 안 예뻐 보이거든. 근데 너는 얼굴이 예쁘장하게 생겼는데도 말을 예쁘게 해서 더 예쁘네. 인정해?

김: 아니요, 한국에 와서 마인드가 조금 바뀐 것이 있어요. 제가 북한에 있을 때부터 저를 따라다니는 남자애가 한 명 있었거든요. 근데 그때는 걔를 천대하고 구박을 엄청 많이 했어요. 근데 걔도 한국에 왔어요. 걔가 지금 와서 하는 말이 '원래는 얼굴만 예뻤고 싸가지였다. 싸가진데 예뻐서 좋아했다' 그래요. 걔랑 깊게 대화해본 적이 없었는데. 그래서 걔를 차단했거든요. '나는 네 수준이 아니다' 이런 식으로 말이죠. 근데 지금은 걔를 무시 안 해요. 왜냐면 제가 바닥을 1년 동안 경험했잖아요. 그때 나를 누군가가 무시했다면 너무 열 받을 것 같아요. 그래서 사람은 무시하면 안 되는구나, 그때 조금 깨달았던 것 같아요. 그래서 지금은 잘 대해주고 있어요. 그때는 걔를 싸가지라고 생각했어요. 그런데 걔가 지금은 나보고 '마음이 참 예쁘다.' 이런 말을 할 때가 있어요. 그 말을 들었을 때 '내가 성공했나?' 싶어요.

전: 걔가 널 좋아하는 거 아니야?

김: 저는 그런 게 고민이긴 한데. 그런데 내가 기분은 좋아요.

전: 그럼 가을이는 관심 없어?

김: 관심 없어요. 제 스타일이 아니에요.

전: 네 남자 스타일이 뭔데? 그때 많이 얘기해주긴 했는데.

김: 저는 키 큰 사람이 좋아요. 저두 키가 좀 크거든요. 남자는 180cm 정도 되면 좋겠거든요. 근데 걔는 키가 작아요. 일단 키가 작으니까 다른 건 별로 관심이 안 가요.

전: 너랑 얘기하는 게 너무 재밌다. 가끔 만나서 얘기하는 것도 좋겠다. 그래서 서울 어디 어디 다녀봤어?

김: 어디도 다녀본 적 없어요. 어디 가야 해요?

전: 그냥 홍대나 잠실, 강남 이런 데 놀러 가자고 옆에서 안 해?

김: 가서 뭘 하고 놀아요?

전: 그냥 가서 놀이동산도 가고 홍대거리도 걸어보고 맛있는 것도 먹고 쇼핑센터도 구경하고. 그런 데 관심 없어?

김: 가족끼리는 놀러 많이 갔어요. 대부도도 가고. 근데 놀이동산 기구를 잘 못 타요. 떨어져 죽을까 봐. 저는 무서운 거를 진짜 싫어해요. 월미도에 가서 바이킹을 탔어요. 근데 저는 죽을 때까지 다시는 바이킹 안 탈 것 같아요.

전: 무서워서?

김: 너무 무서웠어요. 고함을 치고 바이킹을 다 타고 내렸는데 2시간 동안 떨리는 거예요. 저는 물놀이도 못 했다가 한번 강원도에 가서 빠졌었어요. 미끄럼대 타고 내려갔다가 올라왔는데 죽음의 공포감이 생겼어요. 그래서 다시는 그런 거 안 타요.

전: 그럼 가을이는 뭐 하는 거 좋아해?

김: 요즘은 쇼핑하는 데 꽂혔어요. 온라인 쇼핑으로 성공한 적이 없어 가지고 눈으로 보고 입어보고 이런 거 좋아해요. 쇼핑할 만한 데는 다 다니는 편이에요.

전: 그럼 알바를 열심히 해야 하겠구나. 옷 한 벌 더 살려면. 근데 가을아. 마음의 '보물' 하면 어떤 게 있는 것 같아?

김: 딱히 꼬집지는 못하겠는데 내 삶에 대해서, 내 인생에 대해서 진지한 것은 있는 것 같아요. 후회도 당연히 있죠. 실패도 하기는 하는데 내 삶의 오점 같은 거는 남기고 싶지 않아요. 암튼 뭔가 내 삶에 진지함이 보물 같아요.

전: 선생님이 지난번에 가을이를 만났을 때보다 훨씬 진지해서 좋은 것 같아. 내가 어떻게 살지, 여기 와서 현실을 파악하고 뭔가 스스로 할 수 있는 일을 조금씩 찾다 보면 좋아질 거야. 물론 좋아질 거고. 스스로에 대한 애착이 있는 것 같네.

김: 맞아요. 저는 나에 대한 애착이 좀 있어요. 그래서 내가 갑자기 못 생기고 살쪘을 때 남들보다 더 스트레스 받았어요.

전: 맞아. 자기에 대해 그런 애착이 없으면 스트레스를 안 받겠지. 오늘 여러 가지로 얘기를 나눴는데, 쭉 얘기해보니까 어때? 네 인생 스토리를 얘기해줬는데.

김: 나도 계획이 다 있구나, 이런 생각이 들었어요.

전: 앞으로 할 것들이 있고 또 할 수 있네. 서빙도 하고 이것저것 뭔가를 조금씩 채워나가면 되겠네. 근데 너한테서 자신감 같은 게 느껴지거든.

김: 진짜요?

전: 가을이는 여유가 있잖아. '하면 되지.' 이런 마음 말이야. 그런 자신감은 어디서 나와?

김: 저는 뭔가 한 달 전부터 생각이 자주 바뀌어요. 처음에 나왔을 때는 항상 바른 마음으로 살자 그랬어요. 근데 한 달 전에는 자신감을 갖고 살자 그랬어요. 충분히 예쁘고, 충분히 똑똑하고, 충분히 지금도 뭔가를 할 수 있어, 그랬거든요. 요즘은 2가지예요. 자신감을 갖고 포기하지 말자.

전: 인터뷰 시간이 벌써 두 시간을 넘겼다. 오늘은 이걸로 정리하고 다음 만남을 기대하자.

제4장 직관적이고 자주 웃는 코뿔소
(오명쾌, 20대 초반, 여성)

일시: 2021년 9월 18일 오전 11:00-오후 1:00

인터뷰이: 오명쾌(2017년도 입남, 인터뷰 당시 대안학교 재학 중, 양강도 고향)

인터뷰어: 전주람

글 구성 및 정리: 곽상인

〈첫 번째 인터뷰〉

입남 당시의 기억: 지하공작 느낌으로…

전: 명쾌가 한국에 온 지 몇 년 됐지?

오: 2017년도에 왔어요.

전: 올 때까지 과정을 간단하게 설명해 줄 수 있을까?

오: 저희 집은 양강도였는데, 압록강을 건너서 중국에 왔어요. 가족이랑 같이
   왔어요. 중국에 열흘 정도 있다가 라오스를 거쳐서 태국으로 왔어요.

전: 그러면 브로커에게 돈을 많이 줘야 하나?

오: 그런데 저희는 브로커 비용을 안 내고 왔어요.

전: 어떻게?

오: 엄마가 아파서 브로커 비용을 안 내는 쪽으로 왔어요. 운이 좋았죠.

전: 명쾌가 몇 살 때 왔어?

오: 15살 때 왔어요. 오는 게 재미있었어요. 뭔가 지하공작 느낌이 들어 가지구. 힘들긴 한데 재미있었어요.

전: 재미있었다는 사람 처음 봐. 오면서 엄청 많이 걷잖아?

오: 맞아요. 저희는 겨울에 왔거든요. 옆에는 물이고 가운데에는 얼음이거든요.

한국에서의 생활: 북한이 더 좋네요?!

전: 그래도 명쾌는 기억에 재미있었다고 하니깐 다행이다. 어떤 사람들은 진짜 힘들고 그랬다고 했거든. 그러면 집은 어디야?

오: 평택이요. 학교 다닐 때는 기숙사에 있어요.

전: 학교 다니는 건 어때?

오: 재미있었어요. 저도 처음에 일반 학교에 가고 싶었는데 지금은 대안학교에 온 걸 잘했다고 생각해요. 대안학교는 약간 수준이 낮은 사람들이 간다고 생각해요. 일반 학교에 가면 애들이 많이 힘들어하고, 애들이랑 어울리지 못하고 그래요. 그래서 우리 학교는 우리 수준에 맞춰줘서 훨씬 나아요.

전: 명쾌야. 그 학교 조선족이 많다고 하더라. 어때?

오: 조선족이라기보다는 어머니가 북한분이고 아빠가 중국분인 애들이 많아요.

전: 한국에 오니 어때?

오: 한국에 오면 뭔가 다 할 수 있는 줄 알았는데 더 통제한다는 느낌이 들어요.

전: 진짜? 그래도 한국은 북한보다 자유로운 거 아냐?

오: 그렇긴 한데 한국은 너무 법으로만 일을 해결하려고 하고, 뭘 해도 벌금이고 해서 조금 불편하긴 해요. 법이 강해서 피곤해요. 애들끼리 싸울 수 있는

데 그것만으로도 학폭으로 간주하니까요. 저는 북한에서의 생활이 더 좋았어요. 애들이랑 노는 시간이 더 많아요.

내 장점과 이미지 발견하기: 자주 웃는 코뿔소

전: 혹시 장점이라는 주제를 듣고 생각해 본 거 있어?

오: 단점에 대해선 잘 아는데, 장점에 대해선 생각 못 해봤어요. 북한에서는 자기 장점을 말하는 것을 안 좋게 봐서 그래요. 여기 오니 장점을 말하라고 하는 게 너무 많아서 좀 익숙해진 것 같아요. 그리고 내 장점은 다른 사람 이야기를 잘 들어주고, 자주 웃는 거예요. 그리고 분위기를 잘 올려요.

전: 친구들이 명쾌에게 고민도 많이 이야기해?

오: 네. 친구들도 하고 저도 해요. 그런데 가끔 가다 말을 걸기 싫은 사람 있어요. 그럴 때는 말을 안 해요. 친해지면 말을 잘 하는데 친해지기 전엔 안 걸어요. 그냥 자기가 잘난 것처럼 노는 사람, 장난이 지나친 사람은 싫어요. 나는 다른 사람에게 진심으로 이야기하는데 그 사람은 장난으로 받아들이는 거예요. 그러면 싫어요.

전: 즐겁게 살고 웃는 이유가 딱히 있어?

오: 그냥 제가 의식적으로 웃자, 웃자 생각하고 살아요. 처음에 학교 갔을 때 계속 북한에서처럼 애들하고 다투고 막 그래서 선생님들이 저에게 별명도 이상한 별명을 지어놓고 그랬거든요.

전: 무슨 별명?

오: 코뿔소요. 그래서 나이도 들고 해서 점점 착하게 살자 해서 그냥 의식적으로 욕도 안 하고 웃으면서 살자고 노력하고 있어요. 그래서 학교 회장도 하고 그랬는데 선생님들이 "네가 회장이라고?" 하면서 놀렸어요.

전: 북한에서는 학교에서 싸워도 괜찮아?

오: 네. 그냥 선생님이 "너희 둘이 알아서 하라."라고 해요. 북한에서는 싸움을 자주 해요.

전: 선생님들이 명쾌를 좋은 이미지로 보게 된 계기가 있어?

오: 2학년 때부터 공부를 하기로 생각하고 열심히 하고 그랬어요. 그래서 1학년 때는 성적이 좋지 않았는데 2학년 때는 성적이 많이 올랐어요. 발표를 잘하고 해서 그랬던 것 같아요. 그런데 여기에서는 나이가 많은 분들이어서 조금 그렇긴 해요. 어떤 분들은 제가 돈을 보고 회장을 했다고 하면서 불만이 있는 분들도 있어요. 그런데 돈은 못 받고 너무 힘들어요. 그래서 회장을 한 후로 계속 후회해요. 내가 왜 회장을 했지? 부장이나 할 걸 하면서요.

전: 공부 중에서는 뭐가 젤 어려워?

오: 영어요. 그래서 영어는 잘 안 해요. 제가 뷰티학과를 선정해서 영어는 그리 많이 안 쓸 것 같아서요.

전: 뭘 배워?

오: 헤어요. 어릴 때부터 헤어를 좋아해서 지금 학원에 다니며 배우고 있어요. 이제는 컷 정도는 할 수 있어요. 조금 힘들긴 한데 재미있어요. 자격증을 따려면 언어랑 많이 외워야 해서 조금 힘들어요.

하루 스케줄: 음악, 축구

전: 하루 스케줄은 어떻게 돼?

오: 일단은 대학교 준비를 해서 학교 다니고 있어요. 그리고 G대에 합격했어요.

전: 학교 입학할 때 시험을 봐?

오: 서류랑 면접을 봐요.

전: 면접 때 뭘 물어봐?

오: 자기소개 같은 거 해요. 그냥 너무 편하게 면접 봤어요. 그리고 큰 소리로 웃으면서 봤어요. 이 학교는 왜 왔고 뭐 이런 걸 배우려 하는지 한마디로 말하라는 거예요. 그래서 생각나는 대로 말하고 났더니 웃음이 나오더라구요. 제 좌우명이 '이웃에게 사랑을 나누어 주고, 봉사하는 인생의 진리를 알아라.'거든요. 이 학교에는 이런 인재를 키우기에 지원하게 되었다고 했어요. 그리고 저는 불쌍한 분들을 보면 계속 도와주고 싶어요. 그래서 나중에는 그런 분들에게 머리카락도 그냥 잘라 주고 싶어요.

전: 그래서 몇십 년 뒤에 뭘 하고 싶어?

오: 30년 뒤에는 돈을 열심히 벌어서 제 건물을 하나 사서 일을 안 하고 힘든 국가에 나가서 봉사하고 싶어요.

전: 무슨 종교 같은 게 있어?

오: 저 기독교예요. 학교가 기독교 학교여서 필수적으로 믿어야 해서요.

전: 어떤 헤어디자이너가 되고 싶어?

오: 저는 많은 사람이 인정하는 사람이 되고 싶어요.

전: 취미 생활은?

오: 음악이랑 축구를 해요.

전: 북한에서 대학교는 왜 안 갔어?

오: 북에서는 대학교를 그렇게 중요하게 생각하지 않아요. 그래서 그런지 한국에 와서도 "대학교, 대학교" 하니깐 너무 부담스럽고 적응이 안 돼요. 그래서 저는 학교 가는 게 재미있어야 하는데 너무 '공부, 공부' 하니깐 일하러 가는 느낌이 들어요.

내 진실한 마음 들여다보기: 귀가 얇아, 어쩌나

전: 너에게 '나는 이것만은 고치고 싶다.'라는 게 있어?

오: 제가 귀가 좀 얇아요. 그래서 사기를 잘 당해요. 사기인 걸 알면서도 잘 당해요.

전: 너 의심이 없구나?

오: 좀 그런 것 같아요. 친구랑 엄청 친했는데, 알고 보니깐 뒤에서 저를 너무 많이 디스하고 다니는 거예요. 저는 그냥 장난으로 받아들였어요.

전: 가족이랑 엄청 친해?

오: 네. 나름 다 괜찮아요. 그냥 저는 할 소리 있으면 바로바로 전화로 말해요. 그래서 너무 솔직하대요.

전: 그러면 한국에 와서 '이런 거 제일 좋다.'라고 느낀 거 있어?

오: 내 일을 내가 결정할 수 있는 게 제일 좋아요.

전: 여기 와서 '헤어스타일도, 옷 입는 것도 너무 자유로워서 좋다'라고 말하는데 진짜야?

오: 저는 여행 갈 때 마음대로 갈 수 있다는 게 너무 좋아요.

전: 여기 살다가 다시 북한으로 가면 어떨 것 같아?

오: 엄청 답답할 것 같아요.

전: 한국에 와서 싫은 점은 뭐야?

오: 이웃 간에 정이 없어요. 북한에서는 명절 같은 때 사람들이 많이 모여요. 그리고 같이 놀아요. 친척이 아니어도 많이 모여요. 여기 와서는 그런 거 없어요. 같이 살던 고향 친구들은 아니니깐 별로 안 뭉쳐요.

일시: 2021년 9월 25일 오전 11:00-오후 1:00

인터뷰이: 오명쾌

인터뷰어: 전주람

글 구성 및 정리: 곽상인

〈두 번째 인터뷰〉

웃자, 웃자

전: 네가 이야기해준 걸 쭉 읽어 보니깐 되게 보물 같은 이야기가 많더라. 선생님이 좀 정리를 해봤거든. 명쾌가 물론 마음 아픈 이야기도 있겠지만 너 자체가 좀 긍정적인 것 같아. 그러니깐 압록강을 넘어오는 것도 마치 '공작처럼 재미있다'라는 표현도 해줬고, 죽을 만큼 힘들 때도 있겠지만. 그리고 네가 이야기해준 것 중에 그런 게 있더라. '웃자, 웃자'를 의식적으로 한다는 것. 좋게좋게 생각하려는 것이 인상적이었어. 그게 구체적으로 궁금하더라고. 명쾌가 원래 좀 잘 웃고 그럴 것 같은데 왜 스스로 웃자고 다짐할까?

오: 학교 와서 어느 순간부터 '웃어야 한다'라는 강압감이 생기면서 나도 모르게 '웃자, 웃자' 했는데 어느 순간부터 내가 진짜 웃는지 헷갈리는 거예요. 진짜 내가 좋아서 웃는지 모르겠어요. 그냥 웃어요.

전: 근데 왜 한국 와서 그렇게 웃자라고 최면을 걸었을까?

오: 약간 힘든 일이 있었어요. 우울증도 걸리고 그랬었거든요. 뭔가 그런 모습을 보여주기가 싫었던 것 같아요. 처음에는 일단 한국에 온 걸 엄청 후회했어요. 다시 가고 싶다는 생각이 자꾸 들어서요. 친구들이 막 그립고도 하고요.

전: 그러면 우울증은 명쾌가 생각했을 때 우울증이라는 거야, 아니면 신경정신

과에서 진단을 받고 안정제 같은 걸 먹는 거야?

오: 정신과 다녔어요. 그런데 그게 점점 더 심해져 가지고. 막 환각 같은 게 보였어요. 예를 들어서 얼굴에 피를 묻힌 남자가 있어요. 내가 학교에서 선생님과 상담 중인데, 그 남자가 선생님을 밀치고 저에게 훅 다가오는 거예요. 그래서 막 상담 도중에 상담 선생님 보고 '이런 걸 봤다'라고 얘기하고 그랬어요.

전: 그랬구나. 그리고 지난번에 명쾌가 별명이 코뿔소라고 이야기해 줬잖아? 그러면 친구 관계에서 많이 힘들었던 거야?

오: 아니에요. 코뿔소라고 한 건 선생님이 지어냈어요. 맨날 싸우고 그래서 코뿔소라고 불렀어요.

전: 근데 뭐가 가장 그리웠어? 여기는 더 자유롭고 재미있는 것도 많고 인터넷도 잘 되어 있잖아.

오: 일단 여기는 아는 사람이 없잖아요. 몇 명밖에 없잖아요. 하지만 북한에서는 웬만한 사람은 거의 다 알고 지내요. 그리고 친구들하고 노는 게 자꾸 생각나는 거예요. 그래서 우울증에 걸려 약도 먹고 학교 휴학도 총 2번 했거든요. 그때 가족 상담도 받고 그랬어요.

전: 그러면 명쾌야. 회복된 지는 얼마나 돼?

오: 일단 지금도 상담받고, 검사하면 우울증 증상이 나타나요. 근데 저는 모르겠어요. 가끔 조울증처럼 웃다, 울다, 하긴 하는데 모르겠어요. 계속 병원 가야 할지. 가끔 밤에 잘 때 가위에 눌려요.

전: 일주일에 몇 번이나 그래?

오: 왔다 갔다 해요, 주기가 없어요.

전: 그러면 요즘은?

오: 최근은 괜찮아졌어요. 근데 얼마 전에 또 그랬었거든요. 밤에 깨어나려고 허우적거리고. 옆에 사람이 있어도 그래요. 심리적으로 완전 편한 상태는

아니에요.

전: 그런데도 네가 학교 회장도 하고 대단하다. 이런 이야기를 하니깐 '명쾌에게 이런 일도 있었구나'를 알지, 누가 알겠어. 네가 싱글벙글 웃고 다니니까 모르잖아. 압록강을 넘어온 것도 재미있다고 그러고. 물론 그게 전부는 아니겠지만, 네가 잘 웃으니깐 사람들은 네가 힘든 걸 잘 모르겠네.

오: 저를 다른 사람에게 물어보면 되게 긍정적이고 엄청 밝은 애라고 이야기하거든요. 근데 저는 그렇게 생각 안 해요.

진짜의 나는 누구인가? 친구가 좋습니다

전: 그래? 그러면 너의 진짜 모습은 뭐야?

오: 이젠 헷갈려요. 어떤 게 진짜 저의 모습인지.

전: 어쨌든 사람들이 얘기하는 웃고 긍정적인 면과는 다르다는 거네. 그래서 명쾌가 이렇게 이야기했구나. '웃자, 웃자.' 이것을 의식적으로 노력한다는 뜻이네. 어떻게 보면 너 스스로 의지를 갖고 노력해서 만든 것이네. '이웃에게 사랑을 나누어 주고 봉사하는 진리를 알아라.'라는 신념도 스스로 만든 것이네. 대단하다. 그렇다면 혹시 좌우명이 있니?

오: 제 인생에서 가장 중요한 것은 아마도 인간관계. 저는 약간 그런 게 있는 것 같아요. 돈이 많아도 사람들과 어울리지 못하면 그 사람의 인생은 행복할까 생각해요.

전: 명쾌야, 넌 참 어렸을 때 진리를 깨달았네. 근데 사람 욕심이 두 개 다 있으면 좋겠다. 돈도 많고 주변에 사람도 많고.

오: 그러면 행운아 아닐까요? 그리고 돈을 보지 않고 다가오는 사람이 몇 명이나 될까요? 한국에 와서 살아가려면 생각을 많이 해야겠다고 생각하고, 또 내가 모든 걸 결정해야 하니깐 이런 생각이 들었어요. 저는 친구가 힘든 일

이 있으면 학원도 다 째고 가요. 친구랑 같이 그렇게 살고 싶어요. 저는 나중에 이름을 날리며 사는 것보다 좀 평범하게 살다가 죽고 싶어요.

전: 명쾌한테 평범한 삶은 뭐야?

오: 너무 많은 돈을 가지고 피곤하게 사는 것보다는 적당한 돈을 가지고 제 선에서 평범하게, 너무 없지 않게 사는 거요. 그저 자기만 행복하면 되지, 뭐 이름을 남겨요. 힘들게. 이름 남기려면 얼마나 힘들어요. 인생을 거의 허비해야 하는데. 그럴 바에는 차라리 잘 먹고 잘 자고 평범하게 사는 게 더 좋지 않나 싶어요. 한국에 와서 이해가 안 가는 게, 잘 먹고 잘살려고 일하는데 밥 한 끼 제대로 못 먹으면서 왜 그렇게 사는지 모르겠어요.

전: 맞아. 그런 사람 많지.

오: 잘 먹고 잘살려고 뛰어다니는데. 일을 차라리 때려치우고, 있는 돈으로 밥 한 끼 맛있게 먹는 게 낫지 않나요? 그렇게 일하다가 병만 걸리고. 얼마 살지 못하고 죽는 것보다는 열심히 먹고 잘 살고 돈은 없어도 그만이고. 그게 낫지 않나요?

전: 너는 참 지혜롭네. 어떻게 그렇게 편하게 생각할까? 나는 막 욕심이 불쑥불쑥 나오는데.

오: 아무리 노력해봤자 상위 사람들이 많은데, 그 사람들만큼 올라가려면 내가 얼마나 노력해서 올라갈까요? 그러다 보면 인생이 끝나지 않을까요? 올라갔는데 이름만 남기고 죽으면 무슨 의미가 있어요? 얼마 살지도 못하고 그냥 죽어버리면 무슨 소용 있어요? 그냥 이름만 남겨서 뭐 해요?

전; 네가 맞는 이야기를 하고 있다. 생각해보니깐 놀기만 해도 문제지만 미친 듯이 일만 해도 몸이 아프면 뭘 할 거야? 이런 생각이 드는 거지. 명쾌야. 네가 이야기한 것처럼 욕심을 내지 않고 자주 웃으려고 하고, 그러면서도 이웃들에게 뭔가 사랑도 나누어 주고, 봉사도 하며 살자. 인생에 내 이름 석 자를 남기기 위해 사는 것보다는 주변 사람을 두고 사는 게 현명한 것 같아. 그러면 어떤 헤어디자이너가 될 거야?

오: 저는 좋은 인성과 일할 때는 탁월한 능력을 가진 디자이너요. 그런데 그냥 평범한 디자이너요.

전: 너한테는 평범하다는 단어가 엄청 중요하네. 뭔가 특별하지 않고 평범하게, 그러나 전문성도 갖고 인성도 좋은.

오: 다른 사람들도 많이 알면 좋죠. 그런데 저는 나중에 제가 헤어숍을 운영할 때 인기가 많아서 예약 손님이 많아지면 어느 정도 한정을 두고 운영하고 싶어요.

전: 너 완전히 고퀄러티의 여유로운 삶을 즐기는 고단수의 비법을 쓴다. 근데 상상을 해보면 참 멋지네. 손님이 줄을 섰는데, 네가 여유롭게 하고 싶은 것을 하고. 멋있어 보인다. 나도 라이프-스타일을 바꿔야 하겠다는 생각이 드네. 좋아. 그러면 네가 지금까지 이야기한 것 말고 네가 가지고 있는 보물, 그러니까는 네가 우울했음에도 불구하고 다시 일어설 수 있게 만드는 어떤 것. 그런 게 있을까? 너를 일어서게 한 게 뭐야? 네가 기독교라고 했는데 종교가 도움이 됐어? 아니면 엄마야, 상담 선생님이야? 남자친구?

오: 저 휴학했었잖아요. 6개월 동안요. 그때 집에 있었는데 갈증이 생겨서 못 참겠는 거예요. 학교 이야기를 들으면 괜히 학교에 가서 어울리고 싶고, 나가고 싶은 거예요. 3개월 쉬고 학교에 나갔어요. 그 전에는 하루 종일 뭘 하는 게 없었어요. 그 일상이 너무 싫었던 거예요. 그래서 학교 나가 가지고 살다 보니깐 우울증을 못 느끼겠더라고요. 혼자 있을 때 힘든 점이 감정 표현을 못 하는 거예요. 사람이 많이 있으면 제 감정을 많이 표현할 수도 있는데.

전: 그리고 명쾌야. 너는 좋으면 좋다, 싫으면 싫다고 말하더라고. 네가 어딘가에 가족끼리도 잘 지내는데, 좋으면 좋다 싫으면 싫다고 잘 표현하더라고. 내가 2014년부터 북한 분들 많이 만났는데, '사랑해'라는 표현은 거의 안 쓰더라. 그래?

오: 맞아요. 거기서 '사랑해'라는 말을 안 써요. 저도 여기 와서 좀 힘들었어요. 한국 와서 엄마한테 좀 썼거든요. 많이 표현하라 해서 썼는데, 어느 순간 사용 안 하니 또 못 쓰겠는 거예요. 어색해서. 그런데 '고마워'라는 말은 써요.

'감사합니다. 고마워' 같은 거는 많이 쓰는데 '사랑한다.' 뭐 이런 말은 잘 안 써요.

전: 남자친구나 연인관계에서도 안 쓰나 봐?

오: 제가 남자친구가 없어서 모르겠어요. 북한에서는 내가 어리다 보니깐 남자 친구가 없었어요.

전: 그러면은 여기서는 좀 어색했겠네. 처음에.

오: 엄청 어색했죠. 남친한테는 쓰는 데 가족한테는 안 써요.

전: 명쾌는 솔직한 게 장점 아니야?

오: 그런데 너무 솔직하대요.

버티는 힘: 회장이라는 자긍심, 축구와 노래

전: 그러면 네가 생각했을 때 너를 버티게 했던 힘이라든지 그런 게 있을까? 학 교에서 회장까지 한 건 대단한 거 아니야? 네 말대로 우울하고 3개월 동안 휴학했는데 회장까지 된 거는 대단한 거잖아. 어느 정도 리더십이 있다는 거잖아.

오: 회장 안 될 줄 알았어요. 나가봤자 안될 줄 알았는데, 얼떨결에 됐네요.

전: 회장 나갈 때 어떤 구호를 외쳤어?

오: 기호 3번이었는데, 공약도 했죠. 회장 선거 토론할 때 잘했다는 소리를 들 었어요. 돈을 주고 자기를 찍어 달라는 경우도 있었다고 하더라구요. 그런 데 그런 것도 안 주고 제가 됐어요.

전: 아무것도 안 했는데 회장이 되었네.

오: 한 팀은 학생들이 싫어했고, 또 한 팀은 자신감이 너무 부족해 보였어요. 그

래서 제가 걸린 것 같아요.

전: 그건 네 생각이고, 애들은 네가 생각하지 못하는 부분을 좋아했을 수도 있어. 네가 생글생글 웃으니깐 좋을 수도 있고, 네가 솔직한 면을 보이니까 좋았을 수도 있고. 또 북한에서 네가 축구를 했잖아. 우리 한국 같았으면 고등학교 때 여자애들이 축구 하면, 남자같이 여자들 사이에서도 인기가 엄청 많았거든. 거기도 그런 게 있었어?

오: 그런 건 잘 모르겠고, 그냥 저는 축구를 좋아해요. 근데 한국 와서도 북한에서는 축구만 했는데 한국에서는 체육 시간에 이것저것 배우잖아요. 저는 엄청 쉬웠어요. 예전에 했던 느낌을 받았다고 할까요. 예전엔 해본 적이 없는데 이미 배운 것처럼 그 순간에 바로 익히는 거예요. 선생님들은 내가 다 배운 줄 알고 '너 잘 하잖아' 하면서 씨름 같은 것도 남자애랑 막 시키고 그랬죠.

전: 그럼 운동 뭘 잘해? 축구뿐만 아니라 씨름도 하고 달리기도 잘해?

오: 예전에는 마라톤을 했었는데 지금은 못 해요. 조금만 뛰어도 힘들어서요.

전: 그니깐 네가 운동 신경이 있네. 음악도 너 잘한다고 그랬잖아.

오: 저는 약간 예체능 계열이에요. 노래하는 것도 좋아해요.

전: 자전거도 타?

오: 나 진짜 자전거 좋아하는데.

전: 자전거 타는 거 쉬워? 나는 못 타는데. 근데 차 운전은 괜찮거든. 그런데 자전거는 너무 무서워. 뭔가 공포스러워. 어쨌든 오케이. 또 뭔가 너의 바닥을 쳤다가 다시 일어날 수 있는 너만의 힘, 몇 가지를 이야기해 줄 수 있어?

오: '언제까지 계속 힘들다고만 하고 있을 거야?'라고 생각해요.

전: 그런 생각은 스스로 한 거야?

오: 네. 한국 애들은 어릴 때부터 한국문화에 익숙해졌고, 자기가 뭘 할지 정하고 그것만 위해 노력하잖아요. 그런데 저는 어떻게 보면 한국에 갑자기 뚝

떨어진 채로 살아야 하고 준비해야 하는 거예요. 저는 너무 짧은 기간에 그 사람들처럼 살아야 하잖아요. 언제까지 나태해지려나 생각하니까 그런 마음이 생겼어요.

전: 맞아. 명쾌야. 네가 15살 때 다른 세상에 떨어진 거잖아. 너무 낯설 것 같아. 북한과 다 다르잖아. 지하철 타는 거, 말투, 먹고 즐기는 것 등등. 만약에 내가 미국인이면 영어를 잘하는 게 한국에서는 도움이 되겠지. 그런데 북한에 대해서는 남한이 아직까지도 편견을 갖고 보는 게 많잖아. 그러다 보니깐 긍정적인 것보다는 좀 부정적인 것이 많겠지. 네가 이야기한 것처럼. 뭔가 애들이 안 좋게 좀 놀리고 하잖아. 그런 게 너무 힘들었을 것 같아. 애들이 힘들어하는 경우가 많은데, 명쾌는 잘 극복하고 있어서 대견하다고 생각해. 출발선은 다르지만 '내가 언제까지 힘들다고 하고 있을 거냐?'라고 하는 생각은 대단한 거야. 기독교는 기독교 학교라서 다닌다고 그랬는데, 종교가 너한테 좀 도움이 되는 거 있어?

종교 또는 신념에 대하여: "인간들의 시작이 있을 거잖아요. 귀신도 봤고."

오: 아직은 모르겠어요. 그냥 다녀야 한다는 생각은 드는데 믿음이 안 생겨요. 한동안 하나님을 제가 믿었잖아요. 근데 나중에 보니깐 하나님이라는 존재는 허상이고 다른 신이 있다는 생각이 들어요.

전: 근데 나는 아기 때부터 유치원도 교회 안에 있는 유치원을 다니고 집안이 기독교다 보니까 하나님이 있다고 믿었던 것 같아. 그런데 넌 종교가 없다가 15살 때 믿은 거잖아. 그니깐 네 말대로 진짜 신이 없다고 보면 북한의 김일성, 김정일도 어떻게 보면 신이 아니겠어? 그렇지?

오: 그렇죠. 그런데 거기서는 실제로 존재하는 사람을 믿는 거잖아요. 근데 한국에서는 과학으로 증명 안 되는 현상 같은 거잖아요. 그거 보면서 진짜 '신이 있지 않을까?' 생각하는 것 같아요. 그리고 약간 제가 그런 게 있어요.

기독교 학교에 다니면 기독교를 믿어야 한다고 생각했었는데 "너 종교 뭐야?" 하면 불교라고 답하는 경우가 있었어요. 그러면 "너 기독교 아니야?" 라고 하면서 묻는 거예요.

전: 종교들이 엄청 많이 있는데 그중에 기독교를 선택한 이유가 있어?

오: 그게 모르겠어요. 아이돌로 비유하면 '워너원'을 좋아하거든요. 그런데 한국에 처음 왔을 때 '방탄소년단'이 있었잖아요. 처음에 왔을 때 인기가 많았잖아요. 쟤는 누구고 하면서 좋아라 했는데 '방탄소년단'이 아니라 '워너원'이 좋아지게 된 거예요. 그래 가지고 다른 데 가면 '방탄소년단'이 인기가 많고, '엑소'가 인기가 많고 이러잖아요. 그런데 '워너원'을 좋아하는 애들은 "워너원이 1위야." 하면서 "방탄소년단은 어쩌고저쩌고" 하면서 내리깔죠.

전: '워너원'은 어떤 부분이 좋아? 잘 생겨서 아니면?

오: 그냥 '워너원'이어서 좋았어요.

전: 그러면 지금은 신이 있다고 믿어?

오: 신은 존재하는데, 그게 어떤 것인지 모르겠어요.

전: 기독교에서는 하나님이 뜻이 있어서 이 땅으로 보냈다고 하잖아. 이 말씀에 대해서는 어떻게 생각해?

오: 모르겠어요. 그런데 신이 있다고 생각하는 게, 인간들의 시작이 있을 거잖아요. 과학으로는 세포들이 모여서 인간이 되었다 하고 진화되었다고도 하고 그러잖아요. 근데 그게 말이 안 되는 게 진화되면 지금 상태도 뭔가 진화되면 뭔가 만들어질 거잖아요. 근데 그건 아니잖아요. 그게 안 믿어지니까. 진화론은 안 믿어요.

전: 근데 명쾌야. 네가 순수하게 믿는 게 있는 것 같아. 이 표현이 잘 안 떠올라서 그러는데 너는 뭔가 심플해. 단순해. 근데 되게 좋은 의미로 단순하다는 거야. 좋으면 좋다, 싫으면 싫다. 진화가 안 되잖아. 지금 그러니깐 진화가 아니라 신을 믿어야지 약간 이런 느낌이 되게 좋게 느껴져야 한다고 해야 하나.

오: 저는 귀신이 있다고 보거든요. 제가 어릴 때 귀신을 좀 봤어요. 북한 집 안에 창고가 있거든요. 그 옆에 하수구가 있어요. 거기서 세수도 하고 양치질도 하고 그러는데 저녁마다 이상하게 낮이 어두워지면 창고 문이 열리면서 까만 정장 입고 모자를 쓴 사람들이 우르르 나와요. 저는 그게 보이거든요. 그래서 무서워서 도망쳐 집으로 들어가요. 근데 그때 부엌에 할머니도 있고 사람들이 있는데 제 혼자 무서워서 날뛰는 거예요. 나중에 말하면 저보고 꿈꾸었다고 그러고. 또 한번은 저희 큰엄마 집에 갔었거든요. 근데 그때 출입문에 직은 유리 창문이 있어요. 거기로 어떤 여자가 안쪽을 들여다보는데 눈 밑에 피가 고여 있는 거예요. 새빨갛게. 근데 그걸 보고 막 우니깐 큰엄마가 저보고 '야, 너 사촌 언니야.' 그러는 거예요. 근데 사촌 언니가 집에 안 올 때였거든요. 그 사촌 언니가 집에 들어왔으면 제가 괜찮거든요. 근데 사촌 언니가 안 들어왔어요. 그래서 나중에 큰엄마보고 말하니깐 '뭔 소리냐?'라고 그러는 거예요. 또 제가 혼자 오토바이를 타고 가다가 창고 안에 사람 두 명이 있는 걸 봤어요. 봤는데 발끝부터 머리끝까지 흰 천을 감았어요. 그리고 불이 빙글빙글 도는 거예요.

전: 진짜?

오: 그걸 보고 나중에 같이 있었던 삼촌들에게 물어봤거든요. '그런 거 있지 않았냐, 나 분명히 봤다.' 그러니까 '뭔 소리냐?'라고 아무것도 없었다고 하는 거예요. 자꾸만 제가 혼자 보는 거예요. 그냥 자꾸 저보고 꿈꾸었대요. 근데 꿈꾼 게 아니고 그 상황을 설명하는데 그걸 못 봤다는 거예요.

전: 너 귀신 되게 많이 봤다.

오: 네. 그래서 귀신이 있다고 믿거든요. 여기 와서는 가위눌리면서 본 거는 확신이 안 서요. 가위눌릴 때 소파에 혼자 있었거든요. 거실 소파에서 자는데, 출입문하고 소파하고 거리가 좀 멀어요. 출입문 쪽으로 제 머리가 있거든요. 머리를 들지 않으면 안 보여요. 그런데 출입문 앞에 실루엣이 하나 있어요. 그리고 제 머리 옆에 실루엣이 하나 또 있어요. 내려다보는 느낌 있잖아요. 얼굴이 보이지 않는데 저를 보는 느낌. 그리고 방에서 자는데 저는 뒤에 인형을 깔고 있거든요. 근데 이제 사람들이 있어요. 엄마 소리도 들리고 그

러거든요. 근데 가위에 눌렸는데, 뒤에 인형이 있고 앞에 애기가 앉아 있어요. 제 앞에. 그런데 사람 손 같은 게 나와서 제 잇몸을 막 긁어대는 거예요.

전: 느낌도 나?

오: 너무 아팠어요. 근데 엄마 이야기하는 소리가 다 들렸거든요. 근데 그 속에서 가위에 눌려 손으로 막 긁어대는데 너무 아픈 거예요. 원래 꿈이면 안 아파야 하잖아요. 근데 너무 아픈 거예요. 그리고 기숙사에서 가위에 눌렸거든요. 내가 힘들어서 사감 선생님한테 말했거든요. 사감 선생님이 목사님이에요. 제가 가위에 눌렸다고 말했거든요. 그러니깐 또 들리면 내려와서 말하라고 그랬거든요. 그러면 기도해 준다고. 그리고 그런 이야기를 몇 번 하고 그랬는데, 진흙색 있잖아요. 갈색보다는 조금 연한 색. 사람 색깔이랑 좀 비슷한 거 있잖아요. 전체가 그런 색깔이었어요. 그런데 남자였거든요. 처음에는 여자였던 것 같은데 남자가 저보고 "일어나. 또 말할 거예요?" 하는 거예요. 갑자기. 가위에 눌렸는데 저보고.

전: 뭐라고?

오: 가위눌렸다고 사감 선생님한테 이야기한다고 했잖아요. 그런데 그런 가위에 눌렸는데, '또 말할 거야?'라고 물어보는 거예요. 가위를 눌린 상황에서. 그래 가지고 제가 '죄송해요, 다시는 안 말할게요'라며 손으로 싹싹 빌었어요. 그리고 나서 가위가 싹 풀렸거든요. 풀리자마자 사감 선생님에게 달려가 가위눌렸다고 말하고 상황을 말했더니 사감 선생님이 귀신이라고 하면서 찬양 부르며 이상한 언어로 기도해 주시는 거예요. 그리고 나서도 가위에 눌렸다가 안 그랬다가 그랬어요. 가위에 눌릴 때는 귀신이 아니라고 생각했거든요. 그런데 그런 질문을 하면서 '어 진짜 귀신 아니야'라는 생각도 들었어요. 가위에 눌릴 때 온 신경이 엄지발가락에 쏠리는데 엄지발가락은 움직일 수 있어요. 몸이 다 안 움직이는데 그 부분만 움직여져요. 저절로 움직여요. 가위에 눌리면 아무것도 움직이지 말아야 하는데 그 부분만 움직여요. 무서워요.

전: 잇몸은 다치지 않았지?

오: 네. 막 긁어대는데 뭔가 다 뜯겨 나가는 느낌이 들어요. 막 뒤에서 손이 나
와서 이불에 집어놓고 막 긁어대는 거예요.

전: 목사님이 그렇게 기도하고 나서는 괜찮아?

오: 그런데 가위에 눌리기 시작하면 저도 모르겠어요. 아이가 없는 게 잠들기
전에 가위에 눌렸다고 해야 하나. 잠들기 전에 몸이 있고 영혼은 땅 밑으로
빨려 들어가는 느낌 있잖아요. 갑자기 숨이 막히는 상황에서 깨요. 그러고
헉헉거려요.

전: 그러면 잠자기 전에 기도하고 자면 어때?

오: 저 진짜 별짓 다 했어요. 가위눌리면 기도하고. 목사님들이 알려준 대로 했
었거든요. 그래도 안 돼서 베개 밑에 칼 베고 자고 그랬어요. 북한에서는 가
위에 눌렸을 때 칼 베고 자면 없어진다는 설이 있었거든요. 근데 제가 한동
안 가위에 자주 눌리니까 칼을 놓고 잤는데 안 눌렸거든요. 근데 너무 자주
눌리니깐 그것도 효과가 없어지더라고요. 그래 가지고 제가 그냥 칼만 베
고 잔 적도 있고 종이에 싸서 벤 적도 있어요.

전: 칼을 베고 자서 안 눌린 게 또 신기하네. 뭔가 미신 같기도 하지만.

오: 눌릴 때 또 그랬거든요. 무서워서 새벽 3시에 언니한테 전화했어요. 그래서
언니가 칼 베고 자래요.

전: 칼은 식칼? 아니면 학용품 칼?

오: 아무 칼이나 좋은데, 학용품 칼 말고 부엌칼을 주로 베고 자요.

전: 그럼 칼집이라도 꽂아서 베고 자야지. 위험하다.

오: 칼집 꽂으면 효과가 없을 것 같아서 칼날을 베고 자요.

전: 귀신 이야기가 재미있기는 한데, 무섭기도 하다. 그렇지?

오: 맞아요. 하나님 믿는 거 가지고 이야기하다가 귀신까지 왔네요. 저는 신이
있다고 믿어요. 미신이 있으면 신이 있잖아요. 저는 가끔 생각하는 게 세포
도 살아있다고 하잖아요. 어떻게 보면 저희 인간이 어떤 개체의 세포일 수

도 있다는 생각이 드는 거예요. 설명하기 어려운데 어떤 거대한 개체에 아주 작은 세포 같은 생각이 자꾸 들어요. 세포가 막 움직이잖아요.

전: 그래 맞아. 내 세상이 전부 이렇게 커 보이지만 전 세계로 보면 우리나라는 작지. 그중에 북한 남한은 모르는 사람이 많고, 그리고 사람은 보이지도 않고. 우주 전체로 보면 미미한 존재다. 그런데 자기 잘났다고 살고, 싸우고 난리를 치고. 명쾌 네가 이야기한 것처럼 포기할 거는 포기하고 주변에 사람이 많고, 네가 헤어디자이너로 살면서 여유 있는 태도를 취하는 게 좋겠다는 생각이 드네. 그리고 또 너의 강점이라고 할까? 뭐가 있을까? 명쾌야 너는 눈이 엄청 예쁘다. 그리고 웃을 때도 눈웃음을 짓고. 너 눈 이쁘다는 소리 많이 듣지 않았어?

결혼에 대한 생각: "결혼은 안 할 거예요."

오: 눈하고 입만 이쁘다는 이야기를 많이 들었어요. 코는 아니래요. 코가 낮아요. 저 눈 보고 바람둥이 눈이래요.

전: 실제로 바람둥이야?

오: 저도 실제로 바람둥이 눈 같아요. 근데 남친 생기면 곁눈질 안 해요. 잘 생긴 남자 보면 그냥 '잘 생겼다'라고 생각하지, 절대 바람을 피우지는 않아요.

전: 남친도 사귀고 결혼도 할 거야? 아직 먼 이야기지만.

오: 결혼은 안 할 거예요. 결혼에 대한 미련이 아예 없어요. 결혼했는데 결혼했던 사람이 저를 때릴 수도 있고, 알고 보니 살인마일 수도 있고, 저를 막 감금해서 노예 부리듯 일만 시킬 수도 있고, 그게 너무 싫어요.

전: 너무 극단적인 안 좋은 것만 생각하는 거 아니니? 예쁘게 애기도 낳고 잘 사는 집도 많아.

오: 살다 보면 바람피울 수도 있잖아요. 저도 모르게 바람피우고 다니면 어떻게 해요. 그럴 바엔 차라리 결혼 안 하는 게 나아요. 아이는 입양할 거예요. 입양할 거라고 했더니 엄마도 자기 자식 키우는데도 힘든데 남의 자식 키운다는 게 쉽겠냐고 그래요. 저보고 머리 검은 짐승은 키우는 게 아니라고 하더라구요. 근데 저는 제 자식이 더 싫을 것 같아요.

전: 왜?

오: 저는 애기를 엄청 이뻐하거든요. 애기가 너무 좋아요. 조카도 제가 업어 키웠어요. 그리고 기저귀도 갈아주고 그랬어요. 근데 뭔가 제 자식이라고 생각하면 꼴 보기 싫을 것 같아요. 뭔가 세상에 제 유전자를 남기는 거잖아요. 그게 싫어요.

전: 왜 그럴까?

오: 모르겠어요. 애는 좋아하는데 제 자식을 키우고 싶지는 않아요.

좋아하는 것들: 기타, 드럼, 피아노, 염색의 기술까지

전: 명쾌 마음 안에 어떤 보물 같은 게 있을까? 아니면 주변에 좋은 사람들이 있어?

오: 제 주변에서요. 그렇다면 현재 담임 샘. 원래 저는 담임 샘을 막 좋아하고 그러지 않았거든요. 그런데 학교에서 장기자랑 하고 나서 좋아졌어요. 제 핸드폰으로 아는 언니 보고, 제가 장기자랑 하는 것을 영상으로 찍어달라고 했어요. 그런데 선생님이 그거를 보고, 제 자랑을 많이 했어요. 사람들이 '노래 잘한다' 하니깐 담임 샘이 '누구요? 명쾌요?' 하면서 제 자랑을 엄청 하는 거예요. 이것도 잘하고 저것도 잘한다고 자랑하는 거예요. 그래서 좋아졌어요.

전: 악기는 다룰 줄 알아?

오: 기타, 드럼, 그리고 피아노도 나름 배우기 시작하면 빨리 배워요. 기타하고 드럼은 북한에서 배웠어요. 피아노는 여기서 배우는 중이구요. 일단 다른 사람보다 빨리 배워요. 피아노도 저보다 미리 배우던 사람들이 있거든요. 교회 찬양 동아리에 피아노를 치는 데가 있는데 저보다 빨리 쳤던 애들이 엄청 잘 치는 거예요. 그런데 저는 피아노는 처음 해보는 거거든요. 근데 빨리 따라가더라고요. 몇몇 사람들보다 앞서가더라고요. 드럼도 북한에서 2개월 동안 배웠어요. 한국 와서 수업 시간에 드럼 시간이 있어요. 그때 우리 학교에 2년 동안 배운 사람들이 있어요. 근데 제가 더 빠를 때도 있거든요. 박자 같은 거를 알려주면 바로바로 잘 따라서 하고 있어요.

전: 그니깐 네가 감각이 있네.

오: 음악은 자신 있어요.

전: 오 그러면 찬양 CCM 이런 것도 치고 그러겠네.

오: 그런 것도 해야 하는데 안 해요. 기타도 오랫동안 안 쳐서. 칠 시간이 없었어요. 다 까먹었어요. 예전에는 독학으로 악보를 사 가지고 치고 그랬었거든요. 공부 빼고 다 자신 있는 것 같아요.

전: 헤어도 약간 예체능 계열이잖아. 그쪽에 소질이 있다. 기대되는데. 내 머리는 언제 해줄 건데? 파마하고 염색할 줄 알아?

오: 염색할 줄은 알아요. 염색은 제 머리에도 계속해 가지고. 그리고 학원에서 염색하는 거 저번에 배웠었거든요. 근데 되게 잘 돼 가지고 견본품으로 학원 선생님이 가져갔어요. 저보고 달라는 거예요. 다른 사람들한테 예시로 주겠다는 거예요. 그래서 줬어요.

전: 진짜 나 염색해야 하는데 내 염색 좀 해주라. 돈을 줘야 하나? (웃음)

오: 네. 염색은 그냥 해줘도 돼요. 염색하면 어떤 색깔 해요?

전: 나 흰머리가 너무 많아 가지고. 약간 진한 갈색. 도구 같은 거 있어? 빗 같은 것도 있어?

오: 다 있어요.

전: 나중에 날을 잡아야겠다. 너랑 말하니 일하는 느낌이 아니라 재밌고 내 삶
　　도 돌아보게 된다. 그런데 어떤 헤어 미용사는 말을 재미나게 잘하고 편안
　　한데, 어떤 사람들은 뭔가 불편해. 명쾌 너는 다른 사람의 말을 잘 들어주니
　　까 편하고 좋다. 머리를 손질하는데 시간이 꽤 긴 편이니까 대화하는 것도
　　중요할 것 같다.

오: 네 맞아요.

남한에 올 후배들에게: 쓸데없는 말, 무시하는 것도 방법

전: 네가 이야기한 것처럼 친구들이 한국에 와서 북한사람에 대한 편견 때문에
　　힘들다고 그러더라고. 일반 학교 갔다가 대안학교 갔다가 자퇴하고 그런
　　애들도 많고, 그래도 명쾌는 엄마랑 같이 왔는데 혼자 온 애들은 더 힘들고
　　그럴 것이잖아. 어떻게 하면 걔들이 적응을 잘할 수 있을까?

오: 일단 북한에서 왔다고 안 좋게 말하는 말들이 있잖아요. 그 사람들은 극소
　　수예요. 그 사람들의 말을 신경 안 쓰면 될 것 같아요. 그냥 무시하면 될 것
　　같아요. 쓸데없는 말이에요.

전: 무시하는 것도 방법이다?

오: 네. 그 사람들은 자기 화풀이를 그 사람들에게 하는 거 같아요. 죄 없는 사
　　람들한테 괜히 시비를 거는 것 같은, 그니깐 그 사람들의 말을 무시하는 게
　　상책이에요.

전: 또 애들이 영어를 어려워하더라.

오: 영어는 저도 어떻게 조언을 못 하겠어요. 영어는 이쪽 귀로 듣고 다른 귀로
　　나가요. 그냥 통과예요. 붙들고 있었댔자 소용이 없어요. 영어는 진짜 어려
　　워요.

전: 또 애들이 어떻게 해야 제 갈 길을 찾고 빨리 적응할까?

오: 일단 학교에 가면 이성 친구보다는 동성 친구가 있잖아요. 그냥 먼저 다가
가는 게 좋은 것 같아요. 이성 친구보다 먼저 동성 친구를 만드는 게 좋아
요. 저희 학교에 신입생이 왔는데 여자애들하고는 말 안 하려고 하고 남자
애들하고만 말하려고 했거든요. 여자애들하고는 말을 안 하고 남자애들하
고만 말하는 걸 봐서는 '꼬리 친다' 이러거든요. 그래서 저는 일단 학교에
이성 친구가 없어요. 친구라기보단 언니 오빠들이긴 하지만, 남자들이랑은
시간이 걸려야 친해지고 언니들하고는 금방 친해져요.

전: 학교도 작아서 말도 많겠는데.

오; 네. 제가 신입생한테 물어봤었거든요. 왜 여자들하고는 말 안 하고 남자들
하고만 말하냐고. 그랬더니 그냥 편해서 말한대요. 자기가 왜 먼저 다가가
야 하냐 이러는 거예요. 솔직히 말해서 학교라는 건 작은 사회잖아요. 그리
고 그 사회에는 인간관계가 형성되어 있는 거잖아요. 신입생으로서 본인이
속하려고 해야 하는데 그 사회가 본인에게 속해야 하는 그런 거로 아는 거
예요. 그래서 마인드가 중요한 것 같아요.

전: 그러니깐 내가 신입으로 들어갔으니까 그 분위기를 맞출 필요가 있다는 거네.

오: 네. 여자들한테는 말을 안 하는데 남자들한테는 이야기를 한다? 이거는 이
상한 거잖아요. 진짜로 딱 꼬리 치는 것 같잖아요. 심지어 그 사람이 내 친
구의 남자친구면 더 빡치죠.

전: 오해 사기 딱 좋은 케이스네. 그리고 처음 오는 애들이 어떻게 하면 적응을
잘할 수 있어?

오: 일단 첨에 들어오면 좀 어색하잖아요. 말하기가 좀 힘든데 그 속에 신입생
들에게 먼저 다가오는 사람이 있어요. 그러면 그 사람한테 어색한 척하지
말고 그 사람이 다가오면 나도 웃으면서 다가가야 해요.

전: 마음의 문을 열라는 것이네. 누군가가 손을 내밀면 마음을 열고 대화를 같
이하라는 것이네. 관계를 맺고. 그리고 명쾌야. 네 경험으로 봤을 때 뭐를
실천으로 하면 도움이 될까?

오: 재학생이면 먼저 다가가는 게 제일 도움이 되죠. 그러면 '쟤 사교성 좋다'라고 소문나면 학생들도 먼저 다가가려고 하거든요.

전: 그러면 명쾌야. 거꾸로 북한 친구들이 아니라 남한 친구들이 너희에게 어떻게 대해주는 게 좋아? 어떻게 해야 북한에서 온 친구들이 적응하는 데 도움이 돼?

오: '북한에서 온 애다'라는 생각이 없이, 그냥 사람이라고 생각하고 다가오는 게 편하지 않을까요? 저랑 관계를 끊은 친구가 있는데 그 친구는 중국 출생이고 저는 북한출생이잖아요. 그런데 대학교에 갈 때 중국 출생은 등록금을 내고 북한출생은 등록금을 안 내잖아요. 그리고 중국 출생은 일반 애들이랑 똑같이 하는데 우리는 특별전형으로 가거든요. 그것 때문에 친한 친구랑도 관계가 안 좋아졌어요. 그렇다고 저한테 화낼 건 아닌데 저보고 그러니깐.

전: 그렇지. 명쾌한테 말할 건 아니지. 그건 정부가 정하는 거니깐. 정책에 컴플레인 할 문제인데. 어떻게 보면 명쾌 네가 상대방의 말을 잘 들어 주니깐 너한테 너무 편하게 말하는 건 아냐?

오: 그런 것 같아요. 맞아요.

가족이라는 무게: 엄마는 아파요.

전: 너는 학교생활을 경험했고 또 입남을 한 경험도 있으니까 나중에 오는 후배들을 위해서 한국 정부가 이런 정책을 해줬으면 좋겠다는 게 있을까?

오: 그건 잘 모르겠어요. 중국 출생들은 가족으로부터 지원이 되잖아요. 근데 북한출생들은 어떻게 보면 끈이 떨어진 연 같은 거잖아요. 그래서 지원하는 거잖아요. 북한사람들은 연락도 안 되고, 지원도 안 되니깐 지원해주는 거잖아요.

전: 맞아. 명쾌는 여기 정부의 혜택, 그러니까 하나원을 거쳐서 여명학교로 보내지고, 대학교 등록금도 대주고 하는 것들에 만족스러운 편이야? 아니면 아쉬운 점이 있어?

오: 아쉬운 게 엄마가 기초생활보장수급자거든요. 가족이 3인 가구인데 돈이 나와요. 엄마가 일을 못 하고 이번에 언니가 학교를 졸업하고 일을 하게 되었거든요. 일을 하니까 3인 가구에 지원할 돈이 2인 가구 지원금으로 줄었어요. 한 달에 30만 원 정도 준대요. 그걸로 저희가 전기세 집세 다 내야 하는 거예요. 말이 돼요?

전: 어머니는 일을 안 하시고 수급비를 받는 거고, 언니가 일을 하니깐 돈이 줄어든 거네.

오: 저는 학생이다 보니깐 돈을 좀 많이 쓰잖아요. 그리고 가족이니깐 관리비가 나가고 먹고 살아야 하는데 돈이 너무 적어요. 그걸로 어떻게 먹고 살아요. 대학 가면 알바 해야 할 것 같아요. 그런데 시간이 없어서 걱정이에요. 하루가 멀게 몸이 자꾸 아프기도 하고.

전: 특별히 병이 있는 건 아니고?

오: 매일 병원 다녀요. 어머니도 아프세요. 엄마가 북한에서 '간 복수'가 왔었거든요.

전: 간 복수는 치료했어?

오: 네. 간이 안 좋으세요. 그냥 몸 전체가 안 좋아요. 엄마가 너무 약해요.

전: 언니가 회사 다니고 그러니깐 책임감이 있고 그러겠네?

오: 아니요. 저한테 용돈 주는 거? 그리고 엄마한테 용돈 주는 거? 그리고 언니 결혼 자금으로 저축하는 거 정도요.

전: 평택에 같이 산다고 했지. 어떻게 보면 명쾌가 걱정이 많겠네. 돈 걱정도 걱정이다. 가족끼리 해결책을 생각해야겠네. 일단 명쾌야. 몸이 건강해야 일을 하지.

오: 맞아요.

전: 명쾌가 기도를 많이 해야겠네. 그래도 명쾌야. 그런 걱정거리가 있어도 네가 어쨌든 바닥을 치고 일어섰고 대학에 합격했고 알바를 할 생각도 있는 거잖아. 한시름 놓은 거다. 네가 대학교에 안 가고 그러면 엄마도 막막하고 그랬을 거잖아.

오: 아니요. 저희 엄마가 저보고 원래 대학교 가지 말라고 했어요. 일하라고 했어요.

전: 명쾌가 대학교를 선택한 이유는 뭐야?

오: 배워야 하니까요. 아는 게 있어야 나중에 뭐라도 할 거잖아요.

전: 그래. 명쾌에 대해 더 깊이 이야기한 것 같아. 어땠어?

오: 재미있었어요. 뭔가 저를 깊이 알아가는 시간이 됐어요.

전: 집중해서 인터뷰하니깐 너에 대해 더 많이 알아갔어. 그리고 오늘 귀신 이야기는 너무 재미있었어. 네 마음의 보물 상자를 상상하게 되고, 네 마음에 이런 것도 있구나 싶었어. 네 마음속에 우울증이 있어도 다시 일어설 수 있는 힘이 있구나 싶었다. 앞으로 헤어디자이너가 되었을 때 어떤 모습으로 살아갈까 상상해봤어. 손님들과 소통하면서 고민 상담도 해주고, 힘든 사람이 있으면 위로도 해주고, 마음이 편안하게 대해주는 그런 헤어디자이너가 되면 좋겠다. 고마웠어.

제5장 북한에서 돈좀 있던 여자
(이부성, 40대 후반, 여성)

일시 : 2021년 8월 01일 오후 2:00-오후 4:00

인터뷰이: 이부성(가명)

인터뷰어: 전주람

글 구성 및 정리: 곽상인

〈첫 번째 인터뷰〉

"나 잘 나갔수다."

전: 북한에서는 어떤 일을 하셨는지 경험담을 들려주실래요?

이: 북한에서는 제가 장사를 했어요. 금 장사를 하다가 돈을 많이 벌었거든요.
   그래가지고 저는 아주 3층에서 살았어요. 진짜로 제일 잘 사는 층으로 알
   려진 층이요. 그렇게 살다가 다시 의류 장사를 했어요. 옷가게 같은 거요.
   북한에서는 고모품이라 그랬거든요. 그 고모품 장사를 했어요.

전: 고향이 어디세요?

이: 양강도 해산이요.

전: 거기에서 금 장사하면 굉장한 부자 아니에요?

이: 일단 금 장사는 사람 돈이 없으면 못 하죠. 금을 모르면 장사를 할 수가 없
   고. 그니까 장사로 치면 제일 큰 장사를 한 거지요.

전: 그 동네에서 굉장히 부유한 측에 속하셨겠어요.

이: 그죠. 한동안 잘 사는 계층에 살았어요.

연: 근데 선생님은 북한에서 어느 정도 잘 먹고 살 만하게 지내셨는데, 여기에 오신 이유가 있으세요?

이: 있죠. 북한에 아파트가 있거든요. 부자들이 사는 동네. 거기서 제가 큰 집을 세 칸짜리 쓰고 살았거든요. 그런데 북한은 자기 집이 될 수가 없어요. 그니까 국가 집인데, 제가 돈을 주고 그 집에 사는 거예요. 살지만 어느 순간 국가에서 "이 집을 내놓으라."고 하면 우리는 내놔야 되거든요. 뭐든지 개인 명의가 안 되고, 다 국가 재산으로 치니까. 근데 그 집을 내가 이유 없이 빼앗겼거든요. 북한식으로 말하면 '추방'이라는 게 있어요. 제가 '추방자'가 돼서 농촌으로 보내졌거든요. 추방당했거든요.

전: 반역자 같은 걸로요?

이: 그게 아니고, 다른 사람이 벌린 일인데 내가 한 것처럼 일을 덮어씌워서요. 내가 한 것이 아닌데, 나하고 그것을 엮어가지고 내가 추방을 갔거든요. 내가 그 집을 찾겠다고 한 8년을 엄청 노력했거든요. 진짜 그 집을 찾겠다고 그랬어요. 너무 억울해가지고. 그런데 동시에 집을 찾기가 어렵다는 걸 알았지요. 나 하나를 기준으로 하는 게 아니라 국가적 명예를 기준으로 하니까요. 나하고 국가가 싸우는 거니까 안 돼죠. 그래서 안 되겠다고 생각했지요. '안 되겠다, 내가 이 땅에 미련이 없구나, 안 되겠다.' 그래도 내 딴에는 그랬죠. '정의는 이긴다.'고 생각했거든요. 뭔가 잘못됐다고 생각했으나, 시간이 지나면 다시 내 것으로 찾을 줄 알았거든요. 그런데 8년 동안 안 돼서 아들을 먼저 탈북시키고 2년 만에 우리 가족이 다 넘어왔죠.

전: 그러면 8년 동안 여기 말로 치면 소송을 한 거네요.

이: 그죠. 그런데 이런저런 복잡한 일이 위로 올라가면 '우리 장군님한테 심려를 끼친다.' 생각이 들어서 소위 소송을 잘 안 해요. 그리고 이 사실이 위로 올라가면 행정을 잘못 처리한 사람들 모가지 날아가 버리잖아요. 자기네들 목숨이 달린 일이니까 사건이 뒤집혀지면 안 돼죠. 그러니까 밑에서부터 다 연결된 고리가 있어서 그냥 다 잘라버리거든요. 그래도 나는 사건이 해결될 줄 알고 진짜 무지 노력하다가 안 됐죠.

전: 굉장히 긴 시간 동안 고생하셨네요. 그 집을 찾기 위해서 노력했는데 서류는 계속 말단에서부터 잘리니까 미련이 없겠어요.

이: 맞아요.

전: 그때부터 남한에 와서 살아야겠다는 의지를 갖게 된 거네요. 그런데 아들이 어렸을 텐데 혼자 먼저 보냈네요.

이: 아들이 스물한 살 때 보냈어요. 어리지는 않았지만 남한을 온다고 했을 때도 보내지는 않았거든요. 그런데 일단은 "이 땅을 떠나라", "우리 북한만 떠나라."고 했어요. 똑똑한 놈은 아무 데나 발 붙이고 살잖아요. '아무렴 북한보단 낫겠지.' 하는 생각에 아들을 먼저 보냈죠. 그래서 아들이 잘 돼가지고 한국에 왔잖아요.

전: 아들 한 명이에요?

이: 아들 한 명, 딸 한 명. 제가 스물세 살에 결혼하고 스물네 살에 아이를 낳았어요. 이게 북한에서는 정상이거든요. 스물세 살 밑으로 가면 빠른데, 그 이상으로 가면 집에서 '시집 보내야 되겠다.'고 생각하거든요. 그런데 대한민국에서는 여성들이 시집을 늦게 가잖아요. 그래서 우리가 결혼을 빨리 했다고 하면, 마치 결혼을 빨리 하고 싶어서 사고를 치고 시집 간 줄 알아요.

전: 그렇군요. 그러면 북한에서 장사하시다가 여기 이렇게 와보니 어떠세요?

이: 지금은 당장 모르겠어요. 내가 북한에서 했던 장사 방식하고 여기 방식이 다 다르거든요. 내가 장사 뼈가 굵다는 것도 거짓이 아니잖아요. 항상 못 하는 게 없이 살았으니까 여기서도 할 수 있다고 생각했는데, 나와 보니까 구매하고 판매하는 것 자체가 다르더라고요. 만약에 내가 의류를 판매하면 의류에 대한 상식도 있어야 하잖아요. 북한에서도 사람들이 요구하는 스타일을 알아야 내가 그것을 참고해서 취향에 맞게 옷을 구해다 팔잖아요. 근데 여기 와보니까 모든 문화가 다 다르잖아요. 옷을 입는 스타일이 북한하고 완전 다르잖아요. 그래서 내가 옷을 구하는 손님들의 취향을 모르니까 이렇다 저렇다 말을 못해요. 손님들에게 어울리는 옷이 무엇인지를 모르겠는 거예요. 그러니까 '안 돼.'라고 결론을 내렸죠. 북한에서는 아무 데나 데

려다 놔도, 맨 도로 위에서라도 올려놓으면 살 수가 있거든요. 북한은 그래요. 근데 여기 남한에 오니까 내 생각처럼 안 돼서 엄청 난감했죠.

전: 거기서는 장사 몇 년이나 하셨어요?

이: 장사를 20년 했죠. 시집을 스물세 살에 갔잖아요, 그때부터 장사를 다녔어요. 금도 팔고, 옷도 팔고, 중국에서 물건 가지고 와서 팔고. 그런데 여기 와보니까 스타일도 다르고 유통 체계도 다르고 하니까 뭘 원하는지도 감이 안 오고 핀트도 안 맞고 그랬죠. 소비자들의 욕구를 알아야 하는데, 그게 쉽지가 않았어요. 현재는 공부 못하는 학생의 안타까운 심정 같은 거지요. 뭔가를 알아야 되겠는데, 통 알 수가 없는 그런 답답함?

전: 내려오셨을 때 〈하나원〉에서 11주 정도 교육하잖아요. 거기서 배운 것이 도움 되나요?

이: 절대로 도움이 없어요. 거기서 교육도 받고 현장 체험도 하고 그래요. 그런데 내가 말하는 것은 이런 거예요. 나는 '판매직을 해야 되겠다.'고 생각하는데, 밖으로 나오면 현실과 다르거든요. 나와 코드가 안 맞아요. 거기서 내가 받은 교육과 내 생각이 달라요. 그러니까 무슨 생각을 하게 되냐면, 내가 진짜로 판매업을 하겠다면 그냥 그 바닥에서 내가 알바라도 해야 되잖아요. 판매 알바를 하면서 몇 년을 익히면 그 세계에 들어갈 수 있잖아요. 근데 나는 나이가 있으니까, 곧 50살이니까 나한테는 안 되겠다는 생각이 들어요.

전: 〈하나원〉에서는 전반적인 교육을 하지만 사회에 나왔을 때는 전혀 다르다는 거네요. 그러면 북한에서 생각했던 남한과 실제로 와서 본 남한과 차이가 있나요?

이: 너무 차이가 나죠. 저희는 북한에 있었으니까 중국을 통해 남한 정보를 얻어요. 걔네들(중국)은 "남한에 가면 집을 준다더라.", "뭐를 얼마만큼 준다더라." 이런 것들을 알잖아요. 우리 북한에서는 정보를 모르잖아요. 하나도 모르지만 "대한민국이 잘 산다.", "대한민국이 세계 몇 위다." 정도까지는 알고 있어요. 내가 북한에서 생각했던 대한민국하고, 와서 본 대한민국은 너무나 엄청난 차이가 나요. 대한민국은 내가 상상했던 것보다도 훨씬 수

준이 높아요. 북한에서 생각했던 대한민국하고 내가 여기 와서 본 대한민국 현실하고는 너무도 차이가 있죠. 이렇게까지 발전되고 잘 사는 나라인 줄은 몰랐어요. 정말 '너무도 좋은 나라'라는 생각이 들어요. 우리는 대한민국이 이렇게 발전했다는 것을 교육 받지 않았잖아요. 그리고 중국을 자주 다녀봤기 때문에, 잘 살아봐야 중국 상황 정도라 생각했어요. 그런데 엄청나게 잘 살고 있고, 모든 게 다 잘 돼 있는 나라인 거죠.

전: 그렇다면 여기에 와서 뭐가 제일 좋으셨어요?

이: 일단 여기 와서 살 수 있는 조건이요. 내가 원하는 곳 아무 곳에서나 살 수 있잖아요. 북한에서는 그게 안 돼 있거든요. 물도 없고, 불도 없고, 내가 어디 나가려고 하면 선을 지켜야 되고. 어디 갔다고 그러면 뭘 또 처리해야 되고. 바깥에 나가면 화장실도 잘 안 돼 있고. 불편한 게 많아요. 그런데 여기는 화장실도 어디 가나 있고 그래요. 남한에 살면서 그다지 불편을 안 느꼈어요. 북한은 소소한 것들이 하나도 안 되어 있는 초보 나라예요. 잘 산다? 못 산다? 이런 것을 떠나서 기초가 안 된 나라라고 봐요.

전: 근데 북한에 대해서 말씀을 너무 거칠게 하신 것처럼 느껴지는데요.

이: 거칠 것도 없어요. 북한에 비해 남한은 모든 것이 시작부터 잘 돼 있다는 얘기입니다.

전: 북한은 지금도 화장실에 물이나 불이 잘 안 들어간다고 하던데 실제로 그런가요?

이: 하나도 없어요. 전기를 못 보거든요. 빛 충전을 해서 그 배터리로 그냥 불 보고 그래요.

전: 태양광?

이: 예. 태양광으로도 보고, 돈 있는 사람은 그 태양광을 좋은 걸로 사서 불을 오래 볼 수 있고, 또 불이 없는 사람은 양초를 쓰고, 등잔에 기름을 발라서 옛날처럼 불을 켜고 그래요. 그리고 수돗물 같은 경우, 단층집은 먹을 수 있어요. 그런데 아파트에 사는 사람들은 물을 길어다 먹어요. 압록강에 가서 물을 길어다 먹고 그래요. 물과 불은 기본적으로 있어야 되는데, 그 자체가

없으니까.

전: 그래요. 어렵군요. 거기 아파트에서 사셨다고 해서 잘 사시는 줄 알았는데, 2019년도면 최근인데도 물을 길어다 먹었군요.

이: 그니까 잘 사는 집들은 괜찮아요. 나같은 사람도 괜찮았죠, 북한에서 잘 살 았으니까. 내가 물을 먹으려면 물을 길어다 주는 사람이 있어요. 그 사람한 테 부탁하면 물을 길어다 주거든요. 내가 직접 압록강에 가서 물을 길어다 안 먹고, 전문적으로 물을 길어다 날라주는 사람들 있어요. 그럼 나는 그만 큼 그 사람한테 돈을 주면 돼요. 돈을 주고 내가 물을 사서 먹어요.

전: 그러면 압록강 물을 길어다가 어떻게 해서 드시는 거예요?

이: 압록강 물은 화장실에 쓰거나 빨래할 때 써요. 마시는 것은 샘물이 있거든 요. 산에 들어가면 샘물 있어요. 그 샘물을 받아다가 마시고 그래요. 샘물하 고 강물하고 가격이 다르지요.

전: 아, 샘물은 식수나 이런 데 쓰고, 빨래하고 청소하는 물은 압록강 물로 쓴다 는 거네요. 우리는 전기밥솥에다 밥을 해 먹지만, 거기에서는 나무를 떼서 밥을 하겠네요.

이: 근데 뗄 나무도 없어가지구. 나무 한 단을 사겠다고 하루 종일 나가서 돈을 벌어요. 그리고 저녁에 나무를 사가지고 들어와요. 그래가지고 밥만 간당 간당 해서 먹고 그러거든요. 그러니까 잘 사는 집은 나무로 밥이라도 해서 먹는데, 생활이 빈곤한 사람들은 나무 한 단이 없어요. 밥 한 끼 해먹을 나 무 한 단이 없어요. 그래서 나무를 사겠다고 하루 종일 나가지고 있거든 요. 북한도 잘사는 사람 계층과 못 사는 사람 계층이 있어요.

전: 계층마다 다르겠네요. 그러면 거기서 잘 사는 사람은 여기와 비교하자면 어느 정도 수준이에요?

이: 제가 생각할 때 북한에서 잘 사는 것은 여기 평민들보다도 못해요. 나도 북 한에서 잘 살았잖아요. 거기에서는 내가 잘 산다고 인정해줄 사람이 있어 요. 그리고 저도 소리를 치면서 살았는데, 여기 와 보니까 솔직히 나를 알아 주는 사람도 없고 소리도 칠 수가 없어요. 나는 완전 바닥이잖아요. 내가 제

일 하층이잖아요. 그런데 좋은 것은 북한에서 내가 잘 살았던 생활보다도 이곳 남한에서의 생활이 더 낫다는 거예요. 왜냐면 우선 마음이 편해요. 마음 편하게 먹고 쓰고 살잖아요. 거기서는 먹고 쓰고 사는 데서 부담이 없지만, 항상 신경이 곤두서 있거든요. 항상 신경을 쓰면서 살아야 하거든요.

전: 아, 그래요?

이: 먹고 살 수는 있는데, 계속 뭔가 신경을 딱 써야 해요. 여기처럼 편안하게 먹고 못 살아요. 왜냐하면 돈을 벌어야 되니까. 남한에서는 내가 일을 해서 돈을 벌 수 있잖아요. 노력하면 그냥 머리를 쓰지 않아도 그냥 살 수 있어요. 그런데 북한은 머리를 쓰지 않으면 안 되거든요. 왜냐면 돈을 내가 노력해서 벌 수 있는 것이 없으니까. 단지 국가에서 '하지 말라'는 그 어떤 걸 해야만 돈을 벌 수 있어요. 그러니까 돈 버는 일은 불법입니다. 그렇게 국가에서 하지 말라는 행위를, 그러니까 국가가 '장사하지 말아라', '돈을 벌지 말아라' 이러는데, 우리는 살려면 돈을 벌어야 해요. 그럼 국가에서 하지 말라는 걸 해야 되니까 그만큼 신경이 쓰이는 거예요. '하지 말라'는 걸 해야 되니까. 그래서 항상 신경이 곤두서 있어요. 생활을 보장하려면 단 한 순간도 머리를 쉬면 안 되잖아요. 근데 여기 와보니까 생활하면서도 마음이 편안하잖아요. 굶어 죽을 리가 없잖아요. 내가 돈이 없다고 해서 내가 죽을 리가 없잖아요. 그러니까 모든 정신 상태가 항상 편안하지요. 스트레스가 없어요.

전: 제가 볼 때 북한에서 오신 분들은 두뇌 회전이 빠르고, 말씀도 빠르고, 행동도 빠르다는 느낌이 들어요. 그래서 진짜 똑똑하다는 생각이 들어요. 똑똑한 표현이 맞는지 모르겠는데, 특히 되게 빨라요. 어쨌든 북한에서는 사람들이 돈도 잘 벌고 하니까 나를 인정해줬는데, 남한에 오니까 밑바닥이었다는 거네요.

이: 그런데 괜찮아요. 내가 생각을 어디까지 하는가의 문제죠. 이렇게 사는 것도 행복하잖아요.

전: 그러면 한국에 오셔서 어떤 일을 하셨어요?

이: 처음에는 아들이 일하는 가스 공사에 탱크 청소를 하는 게 있더라고요. 거기 가서 한두 달 일했죠. 근데 아들이 하지 말라고 했는데, 내가 그냥 바로

나가서 두 달을 청소해봤어요. 가스 탱크. 근데 실지 내가 좀 20년 동안 장사를 하고 모든 걸 다 했다고 자처하지만, 뼈를 바쳐서 하는 일을 못 해봤거든요. 진짜로 내 몸을 혹사해가지고 돈을 못 벌어봐서 아직까지. 그런데 여기 와서 처음으로 내 몸을 바쳤잖아요. 청소를 하니까 죽을 것 같더라고요. 진짜로 죽을 것 같더라고. 근데 내가 어떤 땐 '이렇게 일을 하자고 대한민국에 왔나.' 생각하고 그렇죠. 그리고 일하고 퇴근할 때 있잖아요. 그때 오늘 하루를 내가 잘 보냈으니까 나한테도 보상이 있겠구나 싶어요. 돈을 버는 보상. 그럴 때는 또 행복하더라고요. 처음에는 막막했는데, '내가 이렇게 살 수 있구나' 생각이 들어요. 하나원에서 나오면 당장 아무것도 모르잖아요. '어디 가서 일자리가 구하지'라고 생각이 들고. 근데 그나마 내가 일을 해보면서 터득한 거는 '아, 살 수 있구나.', '대한민국에서 살 수 있고 나는 희망을 가질 수 있구나.', '일하니까 나한테 꼭 보상이 주어지는구나.', '이 돈이면 난 살 수 있구나,' 하는 생각을 했지요.

전: 그니까 몸은 죽을 것 같아도 또 보상이 있다는 게 큰 거네요. 그렇죠. 살 수 있죠. 돈은 좀 만족스럽게 줬어요?

이: 그니까요. 내가 바로 한국에 왔으니까 돈의 가치는 모르잖아요. 일당을 십일만 원 받았는데 괜찮더라고요.

전: 처음에 돈의 가치에 대해서 감은 없었지만 내가 몸을 써서 일해 번 돈이니까, 그만큼 보상이 주어지니까 일이 힘들어도 할 수가 있었던 거죠. 어떻게 보면 그게 희망이고 선생님이 살 수 있는 힘이 되었겠네요. 그런데 몸이 힘드셔서 그만두셨어요?

이: 아니요. 일자리가 끝나서 못했지요. 제가 지금 ○○○학교에 지금 다니고 있고 이래저래 지금 사회복지학도 공부하고, 그리고 지금 대동강맥줏집을 하거든요.

전: 아, 그래요? 대동강맥줏집은 북한 술?

이: 북한 맥주죠. 근데 한국 맥주도 있어요. 지금 코로나 때문에 북한 맥주가 못 들어오고 있거든요. 그래가지고 간판은 그냥 대동강맥줏집으로 하고 운영은 일반 호프로 하는 거죠.

전: 운영하려면 자금도 많이 들었을 텐데, 어떠셨어요?

이: 그런 상황이 됐어요. 지금 현재는 맥줏집을 만든 사장님이 있는데, "그냥 거기 들어가서 해봐라." 해서 경험을 쌓고 있어요. 나한테 잘 해주고 운이지, 복이지. 그래가지고 내가 거기서 지금 관리를 한 번씩 해보고 있거든요. 경험을 쌓고 있어요.

전: 그러면 한국 사장님?

이: 아니요. 탈북민이요.

전: 인복이 있어 좋은 사람을 만나셨네요.

이: 네. 경험을 쌓고 갈 거예요.

전: 그럼 대동강맥주는 맛이 좀 달라요?

이: 여기 맥주랑 맛이 다르죠. 대동강맥주는 엄청 자극이 있어요. 여기 맥주는 순하다고 할까. 여기 맥주는 마시는 데 크게 자극이 안 느끼셨잖아요. 북한 맥주는 자극이 있어요. 우선 도수가 있으니까. 우리가 11도고 여기 한국 맥주가 5도가 되더라고요.

전: 두 배 차이가 나네요. 대동강맥주는 진짜 먹어본 적이 없어요. 들어온지도 몰랐고. 들어올 수 있는 루트도 있어요?

이: 중국을 통해서 들어오죠. 북한하고 중국이 계약해가지고 들어오잖아요. 그러면 중국을 통해서 우리가 들어올 수 있죠.

전: 수수료 같은 거 있어요?

이: 수수료가 세기는 한데, 그래도 대동강맥주는 인기가 있어가지구 여기 들어오면 장사는 되거든요. 비싸긴 해도 대한민국 사람들이 대동강맥주를 먹고 싶어 하거든요. 그래가지고 일단 코로나가 끝나고 길이 열리면 잘 팔릴 수 있다고 생각해요.

전: 사업도 장사도 해보셨으니까, 그쪽으로 수완도 있으시겠네요.

이: 거, 모르지요. 그런데 대동강맥줏집을 해보니까, 할 만한 적성은 아닌 것 같

기도 하고. 어쨌든 그래서 경험을 쌓잖아요. 돈도 벌고 경험도 쌓고, 그냥 해보는 거고, 해보니까 장사 원리는 다 같고. 대한민국도 돈 버는 원리는 다 같으니까 할 수 있어요. 그런데 내가 맥줏집을 하는 데 있어서 적성이 맞냐, 안 맞냐가 중요하기는 해요. 북한에서 장사를 많이 해 봤어도 음식 장사는 못 해 봤네요.

전: 왜요? 어떤 면에서요?

이: 그러니까 내가 음식이랑 요리랑 해야 되잖아요. 근데 이걸 내가 전혀 못 하거든요. 저 북한에 있을 때는 집에서 밥도 잘 못했는데, 여기 와서 돈을 벌어야 된다니까 하기는 하겠는데, 잘 못해요. 내 적성도 아닌 것 같고. 왜냐하면 음식을 하는 사람이면 음식에 뭔가 소질이 있어야 하고, 거기에 꽂혀야 하는데, 나는 그렇지도 않고요. 내가 할 일이 아니라는 생각이 들어요.

전: 그러면 딸내미가 주로 집안일을 봤나 보네요.

이: 딸내미는 어렸으니까 그렇지는 못하고, 살 집을 봐주는 사람들이 있었어요. 집을 사람들이 항시적으로 봐주곤 했어요.

전: 국가에서 집을 봐줄 정도면 엄청 그 동네에서 소문난 부자였겠네요.

이: 그죠, 그렇게 됐죠.

전: 음식에 별로 취미가 없으신 거네요.

이: 맞아요. 내가 할 일이 못 된다고 생각하죠.

전: 그러면 사업을 구상하고 어떤 물건을 가져다 팔아볼까 이런 거는 좀 잘하시겠네요.

이: 관리 운영은 할 수 있겠는데 내가 직접 들어가서 물건을 만들고 사고 팔고 하는 건 적성이 아니라고 생각했었죠. 근데 지금은 내가 진짜 맥줏집을 운영하거든요. 인건비나 알바를 쓸 정도가 못 되니까 직접 음식을 이것저것 만들고 해요. 서빙도 하고 요리도 하고 혼자 하지요. 그런데 손님이 자꾸 떨어지니까, 내가 요리를 직접 하니까 그게 부담이 오잖아요. 그래서 또 '아, 나는 이런 걸 못 하는구나.' 생각해요. 손님이 없으면 장사가 안 된다고 걱

정하고, 손님이 많으면 음식하고 요리를 해야 하니까 그것도 걱정이고 그래요. 지금은 그런 데로 가고 있어요. 지금 일 년밖에 안 됐으니까 잘 모르잖아요. 생각은 빤하고 몸은 잘 안되고 하지만, 내 생각에는 시간이 지나면 뭔가 내 앞에 어떤 길이 나겠다 싶은 예감이 있어요.

전: 그렇죠. 시간이 지나면 내가 구체적으로 어떤 일을 좀 해야 하는지 감이 오실 거예요. 어렸을 때 꿈 이런 게 있었어요? '커서 이렇게 되면 좋겠다.' 하는 거요. 또는 내가 이런 것은 남보다 잘했고 뛰어났는데 하는 거요?

이: 어렸을 때부터 경제 쪽을 내가 많이 생각했거든요. 그런데 생각 밖으로 내가 예술대학에 갔거든요.

전: 예술이면 어떤 거 하셨어요?

이: 성악을 했어요.

전: 어쩐지, 전화 목소리가 진짜로 좋으신 거예요. 그래서 발음이 정확하시고 목소리가 좋으시다고 생각했어요. 잘 어울리네요.

이: 경제를 배우고 싶었지만 아버지가 성악을 배우셨어요. 아버지가 가수였는데, 한번은 나보고 "가수를 해보라."고 하셔서 했어요. 사실은 노래 취향도 없는데, 예술대학에 가서 5년을 공부했거든요.

전: 취미가 없으면 하기도 쉽지 않은데요.

이: 하고 쉽지 않고 하기도 싫었어요. 김일성 시대에 제가 대학을 다녔거든요. 그런데 김일성이 살았을 때 행사라는 게 있었어요. 김일성이 만나서 공연하고 접견 사진 찍고 하는 게 있거든요. 북한에서는 최고로 인정하는 거예요. 저희가 대학 시절이에요. 이런 걸 하면 인정해주고 하니까, 그래서 대학을 그냥 졸업했지요.

전: 실제로 엄청난 대우를 받으셨네요.

이: 엄청난 대우는 아니지만 그래도 인정받았죠. 이런 행사할 때는 좋았지만, 머릿속으로는 내가 하고 싶은 것은 '경제와 관련된 거다.' 했죠. 그러다가 내가 학교를 졸업했잖아요. 졸업하고 나왔는데 그때 고난의 행군이 시작되

면서 나라가 힘들었잖아요. 죽음이 막 몰려오고 그랬죠. 나는 그때 시집을 갔고, 그때부터 장사하기 시작했지요.

전: 근데 '내가 하고 싶은 경제다.' '나는 성악은 안 하겠다.' 할 수도 있었을 텐데, 왜 아버지 의견을 따랐어요?

이: 그러니까 우리는 중학교를 졸업하면 대학 시험을 7월에 치거든요. 대학을 가야 되는데 예술 학교 신입 시험이 4월에 있었거든요. 그러니까 아버지가 "우선 시험이라도 먼저 한 번 쳐보자." 그랬는데 여기서 덜커덕 합격했지요. 일단 그 마당 안에 들어가니까 엄청 얘네들이 이쁘잖아요. 예술학교라 엄청 이쁜 얘들이 많아서, 나도 그 순간에 공부보다도 예쁜 게 우선이라는 생각이 들었지요. 내가 2년을 공부하고 나오려고 했어요. 그리고 나서 경제를 전공하는 학교를 다시 가겠다고 하려 했는데, 전문부 2학년 때 우리가 김일성이 모시고 공연을 했어요. 그 바람에 그냥 졸업까지 갔죠. 그러니까 졸업하는 데까지 나는 그걸 즐겨서 안 했거든요. 사람이 자기가 해야 될 일이 있는 것 같아요. 다행히도 대학 생활을 하고 나서 시집을 가고부터 내가 원하던 장사를 하게 됐지요. 그니까 사람이 자기 길은 있다 싶어요. 저는 장사라는 체질이 있었죠.

전: 장사하는 것은 재미있어요?

이: 장사는 엄청 재밌죠. 돈 보는 재미?

전: 어떻게 금을 장사할 생각을 했어요?

이: 남편이 금을 잘 아는 기술이 있었지요. 근데 그거를 발전시켜서 제가 그냥 이어받아서 했죠. 금장사가 이윤이 엄청 나요. 고난의 행군 때, 사람들이 다 죽음을 겪었는데, 나는 부흥했죠. 완전 돈을 너무 많이 벌었어요. 돈을 미쳤죠.

전: 그런데 궁금한 게, 북한은 은행이 없다고 하던 돼요?

이: 은행이 있는데 이용할 수가 없죠.

전: 돈을 벌어서 은행에 이자가 나오는 것도 아니고, 우물에 묻든지 땅에 묻든지 이런 식이라던데요?

이: 처음에는 북한 돈이 많아지면 그 돈을 건사하는 게 문제잖아요. 부피가 크니까. 그래서 중국 돈이나 달러는 부피가 작으니까 그걸로 바꾸죠. 그런데도 돈이 좀 있으면 화재 사고가 날 수도 있어요. 화재 때문에 근심이 나니까, 발전시켜서 금을 샀어요.

전: 근데 금은 어디다 보관을 해요?

이: 집 위치를 정하지요. 숨길 곳을. 누구도 찾지 못한 장소를.

전: 그게 제일 안전한가 봐요.

이: 그게 최고 안전하지요. 남한에서처럼 번호키 있잖아요. 북한은 자기만의 열쇠로 집을 잠그고 하니까 괜찮아요.

전: 도둑이 많이 들고 그러진 않았나 보네요.

이: 도둑이 들어도 그걸 모르잖아요. 어디다 숨겼는지를.

전: 그러니까 장사하는 것에 흥미가 있으셨네요. 정말 부럽습니다. 근데 장사를 하셨으니까 좀 다를 수도 있는데, 보통 북한에서는 대부분 성분에 따라 직업을 정해주더라구요. 성분이 좋으면 대학도 보내주고 좋은 직장으로 보내주고 그렇더라구요. 자기 적성을 자율적으로 찾는 건 꿈도 못 꾸잖아요.

이: 그렇긴 한데, 그건 옛날 소리고. 옛날에는 그냥 배치를 했잖아요. 대학을 졸업했으면 어느 학과를 졸업했느냐에 따라 적당히 배치를 해주잖아요. 농민대학을 다녔다면 농민이 되잖아요. 지금은 농민대학을 나왔어도 졸업장이 있으면 내가 지망하는 곳에 지원할 수가 있고, 아무 데나 갈 수 있어요. 그런데 돈만 있으면 더욱 아무 데나 갈 수 있는 게 크죠. 사업을 하고 돈만 있으면 자기 가고 싶은 데 다 가거든요. 그러니까 국가 체제는 전공 분야에 맞게 적당히 직장을 배정해주는 것처럼 보이지만, 돈이 있으면 다 돼요. 지금은 특정 학과를 졸업했다고 해서 그 분야에서 일할 수 있도록 국가가 배치는 해주는데, 내가 마음에 들지 않으면 "유보하겠다." 하면 할 수도 있고 그래요. 옛날 같지는 않아요. 상관없어요.

전: 성분이 안 좋아도 그렇게 할 수 있다는 얘기인가요?

이: 아, 성분이 좋아야지요. 첫째 성분이 좋아야지 직업도 선택할 수 있고, 유보도 할 수 있어요. 그 다음에 돈이 있으면 내가 원하는 위치를 갈 수가 있죠.

전: 근데 한국은 전부 다 열려 있잖아요. 내가 하고 싶은 거 다 할 수 있잖아요. 하고 싶은 것을 할 수가 있다는 것이 처음에 어떻게 느껴졌어요?

이: 여기서는 하고 싶은 걸 다 한다고 하는데, 대한민국이 북한보다 더 힘들다는 생각해요. 왜냐하면 예를 들어서 회사에 다니고 싶은데 그러기가 어렵고, 공무직으로 일하고 싶은데 받아주지 않잖아요. 이렇게 인정을 받지 못하면 대한민국에서 내 자체가 지엽적인 존재가 돼버리잖아요. 자율은 있는데, 내가 할 수 있는 것이 별로 없어요. 회사 들어가기 싶다고 전화했는데, 날 받아주는 데가 없잖아요. 북한은 내가 가고 싶다 하면, 서류 넣고 갈 수 있거든요. 여기는 내가 능력이 안 되고 체력이 안 되고 뭐가 잘하지 않으면 나를 받아주는 데가 없어요. 내가 회사에 들어가겠다 해도 안 받아주잖아요. 그니까 여기 와서 내가 할 일이 더 없다는 거지요. 북한에서는 '내가 뭘 해야 되겠다, 할 수 있다.'고 생각하면 그 길을 뚫고 들어가거든요. 뭘 하든 자격증 하나 없이 다 들어갈 수 있는 데가 북한인데, 여기에서는 그렇게 안 되죠.

전: 어렵네요.

이: 나는 여기가 더 안타깝던데요, 북한이 진짜 아무것이나 다 할 수 있던데. 여기 와서는 진짜 어렵던데요. 왜냐하면 내가 가진 게 없고 아무것도 없으니까요. 내 적성을 찾아가고 싶어도 못 가잖아요.

전: 그런 면에서는 그렇네요. 회사에 들어가거나 공무원이 되려고 해도 쉽지가 않으니까요.

이: 그건 내가 될 수 없잖아요. 그니까 내가 하고 싶은 일이 많다고 대한민국에 와서 말을 하지만 적성에 맞는 일을 찾으려면 받아주는 데가 없고. 최저시급으로 일할 때야 많지, 그게 내 적성이고 내가 하고 싶은 일이 아니잖아요. 그러니까 일을 많지만 내가 보람 있게 하고 싶은 자리는 없잖아요.

전: 아직도 북한은 돈으로 되는 일이 많죠?

이: 100% 되고 있어요. 돈이면 못하는 게 없어요. 돈만 있으면 신분도 바꿀 수 있고 뭐든지 다 할 수 있어요. 살인범도 무대로 나올 수 있고요.

전: 참 다른 문화인데, 선생님은 어떤 게 나아요? 어떤 게 맞아요?

이: 여기가 낫지요. 아무래도. 여기가 맞아요. 거기에서는 돈으로 뭔가 했을 때 마음에 걸린다고 해야 할까요? 윤리적으로?

전: 그러면 여기서는 마음이 편해서 좋은 것네요. 혹시 여기서 나를 응원해주는 사람이 있어요? 한국에 오신 지 오 년이 안 되셨으니까 보안관님도 계실 거고 복지사나 가족들이 계실 수도 있고, 하나원 동기가 있을 수도 있구요. 되게 의지가 되는 사람들 있어요? 내가 일할 때 응원해주고 "이렇게 하면 잘할 수 있어."라고 얘기해주는 사람?

이: 여기 와서 사회복지사라든가 도우미라는 분을 만날 때가 있어요. 그분들의 말은 그냥 조언이지 크게 도움이 안 돼요. 나는 하나원 나오며 생각했거든요. 내가 알아서 북한 사람보다도 대한민국 사람 한 명이라도 더 알아야 한다고 생각해요.

전: 진짜 그런 말씀을 많이 하시더라고요. 탈북민끼리 친할 거라고 생각할 수 있지만 사실은 서로 안 만나려고 한다고 그러더라구요. 그 사람들을 만나봤자 별로 도움이 안 되고 발전이 없다고 하던데. 그렇기 때문에 오히려 여기 사람들하고 좀 네트워크도 만들고 그러면서 더 배우고 하는 것이 훨씬 좋다고 하더라구요. 물론 외로운 것은 있는데, 장단점이 분명하게 있는 것 같기는 해요. 가족들은 선생님을 팍팍 밀어줘요?

이: 지금 다 가져와서 서로가 사는데 지금 뭘 밀어주겠어요. 밀어줄 게 없잖아요.

전: 마음적으로도?

이: 마음속으로 많이 위로받지요. 옆에 사람들 있으니까. 탈북민들이 '외롭다, 슬프다, 고달프다'라는 것은 한 번도 생각 못 해 봤어요. 나는 항상 행복하고 한국 땅이 좋다고 생각하니까요. 왜 우울증 걸려요? 나는 한 순간이라도 그런 생각해본 적이 없는데, 만족하고 살아요.

전: 제가 여러 탈북민을 만났는데, 그분들은 우울증에 걸린 사람이 더 많아서요.

이: 저는 우울증에 걸리는 게 이해가 안 돼요. 왜 그 우울증 걸릴까, 왜?

전: 선생님은 힘이 어디에서 나오는 것 같아요? 우울증에 안 걸리고 힘찬 에너지가 있어요.

이: 오늘 내일에 만족하고 살아야지요. 우울증 걸렸다는 사람들 있잖아요. 그 사람들은 여기 와서 변화된 사회를 인식 못 하니까 그렇게 됐거든요. 어쨌든 자기가 못 받아들이니까 자기 자체의 모순이 생기잖아요. 모든 걸 만족해하고 행복하다고 생각하면 우울증이 올 수가 없지요.

전: 기대치를 높여 잡는 것보다는 하루에 만족하는 게 중요한 거네요. 일할 때 혼자 가게 다 보고 하시면 일이 많겠어요. 맥주도 들여와야 하고, 설거지도 해야 하고, 손님도 봐야 하고 카운터도 봐야 하고. 일할 때 힘드시지는 않으세요?

이: 괜찮아요. 서빙도 해야지, 설거지도 해야지, 청소해야지, 손님들한테 웃음도 보내야지, 많은 손님도 받아줘야지. 그니까 그걸 다 맞춰줘야 하잖아요. '내가 이걸 못하겠냐, 죽음을 머금고 국경을 넘었는데 내가 이걸 하나 못 하겠느냐.' 이렇게 생각하니까 쉽지 않아도 괜찮고 일없고 그래요. 또 내가 벅차고 힘든 만큼 손님이 많으니까 그것대로 행복한 것이고. 빈 가게 지키는 것보다 낫지요. 그래서 이걸 못 놓는 거야요.

전: 그러면 미래에, 한 십 년 뒤쯤에 어떤 일을 하면서 지내고 싶으세요?

이: 모르지요. 나도 아직 그 상상을 할 수가 없죠. 내 길을 내가 모르니까.

전: 그래도 계획을 세워야 하지 않겠어요?

이: 나는 내가 장담하지만, 시간이 지나면 무엇이 됐건 제대로 돼 있을 것이라 생각해요. 자신감 하나만큼은 방방하잖아요. 북한에서도 내 능력으로 잘 살았어요. 부모의 도움이나 그 누구의 도움 없이 자수성가했어요. 내가 그렇게 잘 자랐고, 또 내가 나를 아니까 대한민국에 와서도 잘 하고 있다고 생각해요. 물론 내 생각처럼 안 되지만, 시간이 지나면 좋은 자리에 있을 것이라고 자신감을 갖고 살아요.

전: 그런 자신감은 어떻게 만들 수 있는 거죠? 원래 자신감이 많았어요? 자존 감이라든지 이런 게 어렸을 때부터 많은 편이었어요? 아니면은 돈을 많이 벌면서?

이: 잘 모르겠어요. 그런 생각을 언제부터 가지고 살았는지. 남한테 지는 걸 잘 몰랐다니까요. 공부도 잘했고 어디 가서 싸움도 1등을 했고. 누가 뭐래도 나는 남을 이기지 않으면 안 됐거든요.

전: 경쟁 심리가 있었네요,

이: 그런 것도 있었고. 그런데 살아오면서 보니까 사람 운도 있잖아요. 운이 나를 따라야 되잖아요, 돈도 나를 따라야 되잖아요. 나는 돈주머니가 말라 본 적이 없었다고 생각해요. 북한에 살면서 돈을 그리워해본 적이 없으니까요.

전: 어렸을 때도 공부 잘했고 싸움도 잘했고 평생 돈 말라 본 적도 없. 지금은 언젠가 좋아질 거라는 믿음이 있는 거네요. 선생님의 그런 긍정적인 에너지가 느껴지니까 좋네요.

이: 맥줏집을 하면서 사람들이 북한 사람이라니까 호기심을 갖고 이런 말 저런 말을 붙여요. 사람들이 북한 사람을 처음 봤다고 해요. 저도 TV 프로 〈모란봉〉에도 나가고 〈이만갑〉도 나가게 됐고 그래요. 그러니까 사람들이 물어보는 게 많잖아요. 난 내 생각대로 말을 하는데, 사람들은 내가 말한 것을 보고 마인드가 좋다고, 긍정적인 마인드를 가지고 있다고 그랬거든요.

전: 북한 분들은 "북한에서 내려와 무슨 무슨 장사하는 거다."라고 오픈해서 말씀하신다고 그래요. 직접 말을 하는 사람이 많다고 하더라구요.

이: 저도 말해요. 왜냐면 〈대동강맥줏집〉이라는 간판을 보고 사람들이 와서 어차피 물어보거든요. 처음에는 자기네끼리 "북한 여자가 맞다, 아니다." 그래요. 그러다가 조심스럽게 다시 물어봐요. "사장님, 혹시 대동강에 오셨어요?" 이러거든요. "아, 왜요?" 그러면 "이름이 대동강맥주라서요." 그래요. 그러면 "맞아, 맞아요." 해버려요. 호기심이 있어서 물어보는 사람도 있고, 실제로 유투브에도 몇 번 나갔거든요. 맥줏집 홍보한다고. 그랬는데, 그 유투브 보고 사람들이 엄청 찾아오고 그랬죠. 뭐 이래저래 북한사람이란 걸

나는 오픈하니까.

전: 성격이 거침없고 솔직하시네요. 그런 힘은 어디서 나와요? 어디서 나오는 것 같아요? 선생님 생각에는? 혹시 종교가 있어요?

이: 아니요, 우리 북한은 종교를 몰라요. 종교는 모르고 우리가 남한으로 오면서 교회를 통해서 오잖아요. 그때 석 달 정도 교회공부를 했잖아요. 계속 연구를 했거든요. 그래서 하나님을 알고 믿게 됐고. 내가 북한에서 잘 살았지만 고스런히 잘 살 순 없잖아요. 여기처럼 한 단계 올라설 수는 있지만, 북한에서는 그런 게 아니거든요. 내가 북한에서 재력이나 모든 걸 지키려면 엄청 힘든 걸 해야 하는데, 북한에서는 그것이 불가능해요. 그래서 상층으로 갈 수가 없어요. 근데 북한에서는 고난도 많이 겪잖아요. 감옥도 들어가고, 별의별 걸 다 하잖아요. 할 수 있는 것을 내가 다 겪었잖아요. 그러면서 내가 얻고 깨달은 것이 성경책에 있더라고요. 그래서 성경책에 있는 진리가 진짜 진리라는 생각을 했지요. 성경을 보면서 '이 말이 맞구나.', '이게 진리이구나.' 생각해요. 내가 체험했으니까요. 성경을 남보다 빨리 이해했으니까, 그 내용을 그대로 믿게 되더라고요. 종교의 힘이라기보다도 내가 생각했던 내용이 마침 종교에, 성경책에 실려 있다는 생각을 했죠.(웃음)

전: 늦게 알게 됐지만 내 체험을 성경책으로 확인하는 그런 경험이 있으셨네요. 그래서 하루하루 감사하게 살고 계시는 거네요. 어쨌든 성경에서 얘기하는 거는 하느님의 뜻과 진리 같은 거잖아요. 그런 것이 이제 마음으로 받아들여지고 있는 거네요. 그리고 궁금한 게 있어요. 저도 교회를 다니는데, 저는 어렸을 때부터 기독교 집안이라 모태신앙이었어요. 그렇다 보니까 습관적으로 교회에 다니고 믿었어요. 그런데 종교를 안 믿다가도 이렇게 믿는 분들이 있구나 하는 것이 되게 신기했어요. 호기심이 생긴다고나 할까. 선생님이 말씀하신 것처럼, 감옥도 가고 수많은 경험을 하다 보면 혹시 하나님을 만나는 때가 있지 않을까 싶은데요. 어떠세요?

이: 거기서 하나님을 만나지는 않았지요. 우리가 북한에서 하나님을 말할 때는 이런 거예요. 우리 일이 뭔가 잘 안 되고 할 때는 하나님을 하늘의 귀신같은 존재로 생각하죠. 내가 만약에 감옥이 들어왔잖아요. 근데 진짜 어디에

도 내가 의탁할 게 없잖아요. 진짜로 억울하게 들어갔는데도 내가 나올 수도 없잖아요. 그러면 나 혼자 "하나님, 내가 왜 여기에 오래 앉아 있어야 합니까. 내가 무슨 죄를 지어서 이렇게 오래 앉아 있어야 됩니까"라고 혼자 소리를 거예요. 하나님이 누구인지 모르고 그러는 거예요. 성경을 보니 '나 눠주면 다시 채워 주신다.'고 했는데, 내가 보면 돈 쓸 일이 있잖아요. 남한테 베푼다고 생각하고 돈을 쓸 일이 있잖아요. 나 진짜 억울하게 돈을 쓰기도 하잖아요. 쓰고 싶지 않은 돈을 쓰기도 하잖아요. 돈을 쓰는데, 그 돈이 나도 모르게 어떻게 채워진다는 말씀이에요. 그런데 나도 모르게 생활에서 돈을 쓰는데도 돈이 차는 게 느껴졌어요. 돈을 써서 이만큼 줄었구나 생각했는데, 어느 순간인가부터 채워지는 게 느껴진 적이 있었거든요. 나도 모르게 하나님이 채워주신 거예요. '아, 이게 맞다.'하는 생각이 들었죠. 결국 대한민국에서 살게 된 것도 '하나님의 뜻이구나.'라고 생각해요. 내가 올 수 있는 기회를 잡았고 결국 한국에 왔구나 싶어요. '누군가의 이끌림으로 온 것이다.' 이런 생각과 성격을 믿게 된 것이에요. 성경을 믿는다기보다는 그 중에서 어느 대목이 내 생활과 너무나 일치하면 믿게 돼요. '하나님이 세상을 창조하셨다, 하늘을 만드시고, 땅을 만들었다.'라고만 하면 하나도 안 믿었을 거예요. 그림 같고 소설 같고 만화 같은 소리니까요. 그랬는데 그걸 배우고 들으면서 진리라고 느꼈어요. '이건 옳은 소리다.', '이게 맞다.'는 생각 있잖아요. 그러니까 '이 말은 맞는 말이다.' '틀린 말이 하나도 없다.' 그렇게 됐어요.

전: 제가 배우는 게 많네요.

이: 아유, 그냥 짧은 생각이죠.

전: 그러면 고향 친구들 생각은 안 나요? 거기서 현재도 사람들이 일하고 있을 텐데요.

이: 다 생각나고 그립죠.

전: 친구 중에 같이 내려온 사람도 있어요?

이: 여기 와서 친구 만났어요.

전: 고향 친구와 여기서 만난 친구는 다르잖아요.

이: 어려서 친구를 만난 적이 없어요. 북한에서 우리는 예산이 엄청 많은 시내에서 살았어요. 서울시로 말하면 강남 같은 곳이죠. 북한에서 해산시는 잘 사는 사람들이 모인 시내죠. 주변 구역은 진짜 못 살거든요. 해산시 외에는 다 못 살거든. 시내 안에 있는 사람들은 빠져 나오는 게 없어요, 왜냐면 북한도 살만 한 곳이면 안 떠요. 아무 곳이나 내가 잘만 살면 그 땅에서 살지 뭐하러 다른 곳으로 가려고 하겠어요. 여기 오는 사람들 대부분은 시내가 아니고 다 주변의 못 사는 곳에서 다 넘어온 사람들이죠. 근데 시내 안 사람은 잘 살아요. 해산시는 손바닥만 하거든요, 해산시 사람들은 나를 다 아니까 내가 조금 유명했죠. 장 사람들은 나를 다 알아요. 내가 그 마당에 살았기에 다 맨날 만나서 반갑지도 않아요. 사실은 잘 알지도 못하고.

전: 같은 해산시에도 여러 계층으로 나뉘네요.

이: 그렇죠. 하나원에서 국정원 조사 받고 오면서 솔직히 나는 해산 사람이라고 하면 안 될 것 같았어요. 왜냐하면 해산에서 잘 살았으니까요. 그 정도로 나를 알거든요. 인물을 보니까 모르는 사람이 없어요. 실제로 웬만한 사람은 다 알아요. 그냥 사실이니까.

전: 확실히 거기서도 잘 살고 먹고 살 만하면 안 내려오겠네요.

이: 안 와요. 성공한다는 기약이 없으니까 그렇지요, 나는 그곳에 기대할 만한 게 없어서 떠난 거지, 실제 그냥 살 수도 있었어요. 밥을 굶어 죽을 정도도 아닌데 내가 굳이 왜 낯설고 힘든 땅으로 가야 할까 싶었어요.

전: 그러면 선생님. 북한에서 장사하실 때 정말 즐거웠던 경험 한두 가지만 말씀해주실 수 있나요?

이: 돈 제일 많이 벌 때 즐겁죠. 그때 느끼는 행복이란 말로 다 못 하죠.

전: 정말 어때요? 그렇게 돈이 막 쌓이면?

이: 돈 쌓이는 재미에 내 육체가 마비 오고, 얼마나 힘든지 내가 어떻게 할지를 모르죠. 다 잊고 일해요. 그때 행복과 즐거움이라는 것은 여기처럼 한 달 일

해서 월급 받는 개념이 아니에요. 장사를 하려고 물건을 샀잖아요. 그걸 다시 팔잖아요. 그러면 물건 원금에 얼마가 붙어서 팔리잖아요. 그 자리에 바로 돈이 붙어나잖아요. 그러니까 재미가 있죠.

전: 몸이 아프고 바쁘고 이런 거는 생각나지도 않겠네요.

이: 생각 다 못하죠. 아이 젖 먹일 때 젖이 땡땡 불어 터지기 직전인데도, 돈 벌겠다고 그냥 놔둬요. 그런 거 안 가리죠. 우리한테는 정신력이란 게 있죠, 사람이 다 같진 않죠. 사람마다 다 달라요. 어떤 사람은 일하기 싫어서 안 가고, 어떤 사람은 천태만상이고. 이런 것은 북한이나 남한이나 비슷해요. 남한 사람이라고 해서 다 잘 사는 게 아니잖아요. 진짜 일하기 싫어 신문 펼쳐놓고 누워있는 사람도 있잖아요.

전: 돈이 쌓이면 내가 더 모아야지 이런 생각만 하시나요? 아니면 평상시에 가난한 사람들을 도와줘야지 그런 생각도 하세요?

이: 그런 생각 자체가 없었다는 거죠. 내 말이. 그래서 가장 느끼는 게 있어요. 돈이 많아서 나눌 수 있는 길이 있었겠죠. 근데 내가 그런 마음을 못 가지고 살았다 이 말입니다. 그래서 대한민국에서 내가 뭘 느끼는가 하면, 대한민국이 참 좋은 나라라는 거죠. 국민들도 너무나 선하다는 거죠. 그래서 나눔을 잘하잖아요. 북한은 진짜 야박한 세상이라 나눔을 잘 안 해요. 딱 나눈다면 부모 형제하고만 나누려고 생각해요. 그리고 얼마나 나누겠어요. 그냥 조금씩 해주지. 내 마음이 자리 잡아가지고 나눠야겠다는 마음을 안 가지고 살았어요. 북한에서는 '쌀독이 있어 인심이 난다.' 그래요. 잘 사니까 나누겠다는 생각을 하고 살고, 도와주겠다는 마음도 생기는 거죠. 북한에서는 내가 돈을 많이 벌었잖아요. 그런데도 불쌍하고 가난한 사람을 도우지 않고 살았다니까요.

전: 북한에서 오신 분들이 음식을 만들면 이웃과 나누고 하는 게 많더라구요. 그래서 물어본 거예요.

이: 그런 거는 나누죠. 내가 오늘 감자지짐을 해먹겠다 하면 옆집이랑 나눠 먹고 그래요. 동네 사람들하고 먹는 거는 일반적으로 조금씩 나누죠. 그런데 이런 것보다도 한국에서는 뭔가 큰 걸 나누잖아요. 음식은 일반적인 것이

고. 가까운 사람들이 나눠 먹는 거잖아요.

전: 사랑이나 나눔이나 기부 문화 같은 게 많이 부재한 것 같아요.

이: 힘들어 그랬지요. 살기가 힘드니까. 사람들이 야박해지고 고약해지고 인심이 없어지니까 그런 거죠.

전: 돈이 있고 여유가 있어야 남들에게 할 수 있고 그렇네요. 그리고 여기서 돈 많이 버시면 사회복지 분야에 관심을 갖고 공부를 하실 계획이 있어요? 나눔노 실천하실 의향이 있으신지요?

이: 해야죠. 내가 받았으니까 사람한테 돈을 주지는 못해도 받은 것만큼은 줘야죠. 내가 돈을 받았잖아요. 어 받은 것만큼은 베풀어야 하잖아요.

전: 그 마음 좋네요. 그러면 여기 가게 '대동강맥주'에서는 재미었던 기억이 있어요? 손님 간에 에피소드라든지, 일하는데 즐거웠다라든지.

이: 에피소드가 있죠. 내가 말을 잘 모르니까 생긴 것이 많아요. 컵을 달라고 해도 모르겠는데 '클라스'를 달라고 해요. 그땐 '클라스'가 맥주 이름인지 컵인지를 몰랐어요. 또 '진로'도 있어요. '진로'를 달라고 하지 않고, '이즈백' 하나를 달라고 해요. 그러면 '이즈백'이 뭔지 몰랐어요. 그러면 내가 그냥 '진로'를 집더라구요. 외래어 때문에 고생한다고 해도 행복할 때는 팁을 받을 때였죠. 그리고 유튜브를 보고 내가 〈모란봉 클럽〉에 있었던 것을 알아보고 오시는 거예요. 봐서 팬이라고 그래요. 팬분들이 오거든요. 전라남도에서 강정을 박스로 가져와 주고 가셨어요. 그런 고마운 손님이 몇 분 있었거든요. 멀리서 찾아와서 가지고 "이걸 마셔보라."라고도 하고 그래요. 그리고 또 미국제품 먹어보라고 권하는 분들도 많아요. 가게를 하면서 제가 행복하죠.

전: 고맙네요. 지역 음식도 주시고, 유튜브도 팬들이 봐주시고.

이: 판교, 안산 이런 곳은 멀잖아요. 거기서 나를 보겠다고 찾아와 주시니 얼마나 고마워요. 와서 격려해주고 잘 봤다고 그래요. 그때가 행복하죠. 자기네들이 누군지 구체적으로 밝히지 않고, 그냥 선물을 주고 가거든요.

전: 그냥 주고 가세요? 맥주도 안 마시고?

이: 보면 거의 다 맥주를 안 마시는 분들이 대체로 많아요. 유튜브를 보고 찾아 와서 "한 번 보고 싶었다."라고 하고 그냥 가거든요.

전: 그러면 거꾸로 정말 진상 손님은 없었어요?

이: 한번은 가게 문을 닫으려고 할 때쯤 한 분이 와서 맥주 한 잔만 마시겠다고 그래서 마시라고 했는데 안 나가는 거예요. 그래서 나가달라고 사정했지. 나도 빨리 집에 가야 하는데 안 가는 거예요. 그때는 내가 수원에서 매일 차로 출퇴근했거든요. 출퇴근할 때 피곤해서 밤에 졸면서 운전하고 그랬거든 요. 문을 닫아야 하니까 계속 나가달라고 하는데도 안 가니까. 그러다가 열 한 시 넘었잖아요. 빌다 빌다 안 되더라고요. 그래서 먼저 경찰에 신고했 죠. 그랬더니 그 사람이 "지금 열 시가 지났는데 영업한다."고 하는 거예요. 코로나 때. 그다음에 내가 막 싸움했지. 경찰이 온 다음에. "내가 북한에서 온 지 지금 몇 달밖에 안 됐다고 이 사람이 나를 깔보는 것 같다."고 말했 죠. 그래서 경찰이 그냥 가라고 쫓아버리고 했었죠. 그런 일이 한 번 있었 어요. 그 다음부터는 사람을 잘 알아야 하겠다는 생각을 했어요. 그때 그냥 "야, 이 개새끼야. 니 인생 그렇게 살지 마라."고 소리칠 걸 그랬네요. "개 새끼야."라고만 하면 남한 사람 사이에서는 순한 표현이라고 아는 듯 해요. 북한 같으면 더 심하게 욕을 했을 텐데.

전: 북한 아줌마들 싸우는 거 봤거든요. '와, 장난 아니다.' 싶더라구요.

전: 술집에는 부러 취한 척하는 사람들도 많으니까 한 번씩 욕 해주는 것도 필 요할 것 같네요. 그러면 오늘은 여기까지 하고 다음에 또 봬요.

일시 : 2021년 8월 17일 오후 2:00-오후 4:00

인터뷰이: 이부성(가명)

인터뷰어: 전주람

글 구성 및 정리: 곽상인

〈두 번째 인터뷰〉

내가 여기 청소하러 왔소?

전: 지난번에 했던 얘기들을 기억해 볼게요. 일단 일하는 데 진취적이고 적극
    적인 면이 있으시다고 했어요. 부지런하시기도 하구요. 이런 것들이 남과
    다른 선생님의 장점이라 할 수 있는 거죠?

이: 그건 모르죠, 북한에서 살 때부터 돈이 된다고 하면, 돈을 버는 일이라면 밤
    낮을 가리지 않았거든요. 솔직히 우리가 돈을 버는 일이면 목숨을 걸기도
    하잖아요. 죽을 각오로 하잖아요, 그런 정신이 있으니까 여기 와서도 돈을
    벌어야겠다는 인민국 정신으로 살았던 것이죠.

전: 그런 정신이 있으니까 '해도 그만, 안 해도 그만'인 거겠죠. 그러면 그런 정
    신은 어디에서 오는 거예요?

이: 유전적인 것도 있는 것 같아요. 제가 어릴 때 아버지가 예술단 배우를 했는
    데, 다른 도에 공연을 가면 아버지가 항상 기념품 같은 걸 사 오시거든요.

전: 그게 뭔데요?

이: 장사 물건을 사 오시곤 했거든요. 그걸 보면서 '돈은 저렇게 버는 것이다'고
    생각했죠.

전: 물건을 떼와서 이걸 장사해서 팔면 돈이 되었다는 말씀이네요. 아버지가

사업수완이 있었네요. 그런 걸 어렸을 때부터 보고 자라서 선생님도 사업 수완이 있으셨네요.

이: 그래서인지 남보다 계산이 빠르거든요. 타산이 빠르다고 할까. 그러다 보니 밀고 나가는 정신이 있거든요. 근데 모험은 하진 않아요. 도박 같은 건 하지 않지만 내가 타산해보고 되겠다 싶으면 밀고 나가지요.

전: 완전 사업수완이 있는 거잖아요.

이: 모르겠어요, 어쨌든 나는 '노력만 하면 되겠다.'고 확신이 생기면 바로 밀고 나가죠.

전: 행동도 빨라요? 평소에 정리하고 뭔가를 만들고 설거지하고 이런 거 등등?

이: 그쵸. 성격이 급하니까 행동도 빨라요. 뭔가를 정하면 끝장 보죠. 뭔가를 남겨두고 '내일 해야지' 이런 성격은 못 돼요.

전: 갖고 있는 장점이 많네요. 어떻게 보면 계산하고 일 처리하고 어떤 식으로 사업을 해야 되는지 빨리 처리하시는 거 같아요. 내 마음에서 오는 자원이라고 하면 어떤 게 있을까요? 가족, 친구, 복지, 정책 등등 도움이 되는 거 있어요?

이: 크게 없어요. 크게 도움이 되는 게 없어요.

전: 어떤 분은 동사무소 복지사에게 계속 전화해서 어떤 직업이 있냐고 문의하신다는 분도 있던데요.

이: 그렇게 하는 사람들도 있어요. 저는 하나원 나와서 직원 상담사에게 문의한 적은 있었는데 결과가 청소직이었어요. 자꾸 나한테 그 직업을 소개해 주니까 기대치가 낮았죠.

전: 말씀하신 것처럼 '내가 청소하려고 여기 온 건 아니잖아'요.

이: 그렇죠. '정 없으면 청소라도 해야지.'라는 생각은 있었는데, 지금 당장 청소할 일은 없다고 생각하죠. 주변을 통하든, 사람을 내세우든, 정보를 보든지 간에 나는 다른 사람들이랑 다르다고 생각해요.

전: 혹시 자존심이 센가요?

이: 네. 그런 편이에요. 사람들한테 들려오는 소리가 있잖아요, 그러면 '내가 해볼까?' 할 수도 있는데, 저는 그렇게 하지 않아요. 이번에 ○○○학교 사회복지과에 입학한 것도 나한테 오는 정보가 있는데, 그것하고 상관없이 내가 가고 싶어서 간 거예요. 그 정보들이 나한테 도움이 안 돼요. 자존심이세요.

전: 그러면 주변에 정보를 교류하고 소통하는 고향분이 없어요?

이: 없어요, ○○○학교도 딸애가 아는 애가 있다고 해서 들어갔어요.

전: 어떻게 보면 '가족중심적'이라고 보이기도 하네요. 우리 가족이 어떠한 식으로 살아야 할지, 우리끼리 논의하고 고민하고 그런 편이지, 사회복지사나 구청 같은 곳하고는 안 하네요.

이: 안 해요.

전: 못 미더워요? 도움이 안 돼요?

이: 우리는 아무것도 없잖아요. 배운 게 없잖아요. 그래서 그 사람들이 우리에게 해주는 것은 뻔할 거라 생각해요. 내가 나이가 어리다고 생각하면 배울 만한 것도 있겠는데, 내일모레가 쉰이잖아요. 나이도 제한됐고 했으니까요.

전: 사회복지학을 전공한 것도 스스로 발전하고 성장하기 위해 간 거네요. 건데

이: 꼭 그렇지는 않아요. 발전을 하겠다고 간 것은 아니고요. 사회복지학과를 가게 된 거는 당장 내가 일자리가 없었잖아요. 일자리를 얻는 기간에 무슨 공부를 할까 고민하다가 들어간 거지요. 내가 사회복지를 공부해서 뭐를 해보겠다는 것은 아니었어요.

전: 시간을 유유자적하게 보내고 싶지 않은 스타일이네요.

이: 그렇죠. 시간이 남으면 그 공간에 뭐라도 채우고 싶어요. 어떤 사람은 여기 내려와서 빈둥거려요. 내가 북한에서 그렇게 안 살았어요. 북한에서는 '내가 하루를 놀면 열흘을 굶는다'는 정신으로 살았거든요. 그래가지고 단 하루도 쉬지 않았어요. 낮잠 한번 못 자고 그렇게 살았거든요, 그렇다고 해서

내가 돈이 없어서 그런 건 아니거든요. 그 한 시간 한 시간을 헛되게 안 보냈거든요. 왜냐면 하루라도 놀면 돈이 있다고 해도 순간에 사라질 수 있거든요. 돈이라는 건 아침에 물살처럼 나가거든요. 계속 벌어야만 해요.

전: 그렇게 하면 너무 힘들지 않아요? 몸이랑 정신이?

이: 정신력으로 살았으니까 힘들다는 걸 느끼지 못하고 살았죠. 그냥 그것이 일상이라고 생각했어요. 정신력은 제가 좋아요, 진짜로.

전: 타고난 거예요?

이: 아마 그러겠죠. 우리는 딸 둘 자매인데, 해산에서 우리 둘 모르는 사람이 없죠. 다 알거든요.

전: 그런 정신력은 어떻게 가질 수 있어요? 되게 부럽습니다.

이: 꼭 그렇지 않아요. 일단 돈이 대단하다고 생각해서 돈 되는 일은 정신없이 하거든요.

전: 근데 선생님은 잘 사셨잖아요. 잘 살면 좀 여유가 있어지는 거 아닌가요? '오늘 쉬자' 등등.

이: 저는 안 그랬어요. 한 번도. 그니까 정말 단 하루도 쉬지 않고 일했거든요. 왜 그러냐면 장사 자체는 아침에 문 열어서 저녁에 문 닫는 것이 아니에요. 내 장사는 때와 장소가 없어요. 사람들이 와서 "그 물건을 꼭 사야 되겠다." 하면 저는 밀수를 해서라도 그 물건을 들여와야 해요. 그래서 일하는 데 휴식 없고 정해진 날짜도 없어요. 그냥 일 년 365일이 저한테는 일상이랬으니까요. 쉬는 날이라고 따로 없고.

전: 그럼 언제 쉬셨어요? 쉬는 날이 없나요?

이: 쉬는 날이 없어요. 사람이 안 찾아오는 때가 내가 쉬는 때에요. 언제나가 그냥 일상이지요. 근데 사람이 찾아오면 나는 좋지요. 왜냐면 내가 바빠야 돈이 들어오니까. 그 사람이 찾아오면 좋고 그렇죠. 우리도 자영업 하는 사람들이잖아요. 손님이 들어오면 좋죠. 몸이 혹사 돼도 좋아요. 근데 공무직 같은 사람은 사람이 막 몰아쳐 오면 힘들잖아요. 월급을 타니까. 그거하고 장

사하고는 원리가 다르잖아요. 장사는 내가 돈을 버니까 힘든 생각을 안 하지요. 그니까 나를 찾아오는 사람이 많으면 좋죠. 그 당시에는 쉬는 것보다 육체가 힘든 게 낫다고 생각했어요.

전: 즐겁게 일했네요.

이: 그쵸. 물건 팔아서 하루 사는 게 아니었어요. 내가 버는 장사는 진짜 엄청난 돈이 떨어졌으니까요. 한 번 하면 엄청난 이윤이 났으니까 그 돈이 쌓이지는 게 있잖아요. 돈이 쌓이는 재미로 했으니까요. 그 돈이 팍팍 쌓이잖아요.

전: 그런 거 한번 해보고 싶네요.

이: 근데 그게 엄청 재밌거든요.

전: 좋을 거 같아요. 재미도 있고. 갑자기 그런 장사를 해보고 싶네요.

이: 그런데 대한민국은 진짜 만만치 않더라고요. 해보니까 만만치 않아요.

전: 여기가 북한 같지 않아요?

이: 정보가 너무 빠르고, 그다음에 서비스도 최선을 다해야 손님을 끌 수가 있더라구요. 북한처럼 생각하고 장사했다가는 어림도 없다는 생각이 들어요. 발전한 나라일수록 돈 벌기가 진짜 힘들어요. 북한에서 내가 배짱 장사를 했다면, 여기서는 진짜 허리를 열두 번 꺾어야 장사가 돼요.

전: 그런 거는 스타일이 안 맞았던 것 같네요.

이: 스타일이 안 맞는 게 아니고, 노력해도 잘 안 돼요. 사람들 수준이 높으니까요. 왜냐면 장사를 해보니까 그래요. 같은 돈을 주더라도 인상이 좋고 반겨주는 사람한테 가요. 같은 돈을 주더라도 맛있는 음식을 먹게 되고, 환경이 좋은 데를 가려고 해요. 사람 욕망이 그래요. 뭔가 나한테 이득이 있어야만 찾아가요. 그러자면 내가 어느 만큼 뭔가를 갖춰야 해요. 그걸 갖추자니까 엄청 이뻐야 하고 서비스도 엄청 잘해야 해요. 음식이 진짜로 맛이 있다든가 뭔가 특이한 게 있어야만 손님이 와요. 그 몇 가지 중에 단 한 가지라도 갖춰야 되는데 그걸 갖춘다는 게 솔직히 쉽지 않잖아요. 맛있는 것도 자주 먹으라 하면 질리거든요. 그러니까 이게 쉽지가 않다는 거죠. 음식 장사는

내가 보니까 뭔가 있어야만 장사가 될 수 있더라구요. 어쨌든 이 나라는 먹을 거도 많으니까 이 장사가 쉽지 않아요. 자영업을 몇 달 하면서 경험도 쌓고 하니까 차라리 편의점을 한번 해볼까 싶어요. 편의점은 굳이 뭔가를 할 필요가 없잖아요. 내가 열성을 피울 필요가 없잖아요.

전: 편의점도 힘들 거예요. 떼어 줄 게 많아요. 프렌차이즈 같은 경우는요.

이: 그렇네요.

전: 그니까 욕망이라는 단어가 잘 표현을 해주네요. 사람들이 잘 먹고 잘 살고 싶은데 나름대로 기대치가 있으니 쉽지가 않네요. 어떻게 보면 잘 사는 나라일수록 장사하는 게 힘들 것 같아요. 경쟁도 치열해보이고. 차라리 이런 나라에서는 그냥 월급 받는 게 낫지 않을까요?

이: 그게 나아요. 그런데 월급은 그냥 들어오는데 내 생활에 변화가 없잖아요. 근데 남편이나 나나 똑같이 월급을 타는 정도로는 힘들어요. 월급을 쪼개서 살면 변화가 없어요. 외국에 한 번 나가는 것도 몇 년을 모아야 되잖아요. 그러면 억울하죠. 북한 시절을 생각하면 행복하다고 생각하는데도 솔직히 사람 욕망이 안 그렇잖아요. 열심히 해서 편하게 살고 싶은 욕망이 있잖아요. 그걸 바라고 일하잖아요. 그러니까 나를 내려놓으면 쉬운 것이고 나를 내려놓지 못하면 힘들고 아프고요.

전: 어떻게 보면 북한 시절이 그립겠네요.

이: 그립지는 않아요. 그쪽 현실을 내가 아니까. 그때 생각하면 절대로 안 돼요. 그 시절을 잊어버려야 새 출발을 할 수가 있어요. 그 생각을 하면 안 되죠.

전: 화제를 전환해볼게요. 그때 즐거웠던 경험을 말씀해주셨던 것 중에, 전라도에서 특산물을 사오셔서 사장님 드시라고 주고 그러셨다고 하셨잖아요. 그런 거 말고 기억나는 거 있어요? 여기서 일했을 때?

이: 손님들이 많이 왔죠. 유튜브를 보고 와서 사람들이 많이 왔죠. 나쁜 사람들도 있겠지만 난 그래도 좋았어요. 나 보고 싶어 왔다고 하니까 좋죠. 그래서 사진도 같이 찍고 선물도 주고받고, 돈도 지원해주고 그랬죠.

전: 돈 주는 사람도 있었어요?

이: 팬이라고 하면서 백만 원씩이나 주고 그랬거든요. 그냥 팬이라고. 또 맥주 마실 줄 모르는 사람인데도 맥주 한 잔 마시고는 십만 원 주고 가고 그랬 어요. 그런 일이 많았거든요. 그래가지고 내가 유튜브 하는데 음식 쓰레기 가 나가는 게 아깝잖아요. 식당을 해보니까 음식물 나가는 게 엄청 아깝거 든요. 그걸로 제가 유튜브로 한 번 촬영했는데 나중에는 손님들이 와서 일 부러 밥을 다 잡수고 가고 그랬어요. 유튜브에서 내가 "음식물 쓰레기 내는 게 나쁘다."고 그랬거든요. "억울하다, 가슴이 아프다." 그러니까 나중에는 손님이 와가지고는 음식을 다 비우고 먹는 사람들이 있었죠.

전: 참, 감동이네요.

이: 내 말 한마디에요.

전: 선생님 말을 듣고 기억했다가 다 먹고 가는 거잖아요. 센스 있게. 그런 추억 들이 남았네요. 일단락 접기는 했지만. 선생님이 예뻐서 그런가? 유튜브 한 다고 다 찾아와서 백만 원이나 주고 하는 거 별로 없어요.

이: 사실 내가 유튜브를 하는 건 아니잖아요. 그냥 유튜브에 한 번 나와서 홍보 해달라고 해서 그런 거지요. 그래 가지고 내가 한 번 나갔댔는데 그걸로 엄 청 손님이 많아졌어요.

전: 되게 재밌네요. 알지 못하는 사람이 가게에 찾아와서 맛있는 것도 주고, 돈 도 주고요. 참 즐거운 일이네요. 반면에 진상 손님 때문에 힘들었잖아요. 10시인데도 안 나가고. 그러면 손님 말고 마음적으로 내가 힘들었던 시절 이 있어요? 그 일하면서?

이: 그런 건 없고요. 어떤 게 있냐면 가게는 열었는데 손님이 없잖아요. 손님이 안 들어오잖아요. 빈 가게를 내가 지키고 앉아 있을 때, 그게 아마 이틀이나 삼 일 정도밖에 안 됐어요. 빈 가게 지킬 때가 좀 그랬죠.

전: 손님을 끌어올 수 있는 것도 아니고 답답했겠네요. 내가 일을 해서 빨리 수 입을 내야 하는데 월세는 나가고 그죠? 자영업자들이 코로나 때문에 힘들 잖아요. 그때에는 아침-점심-저녁차람 체계적으로 짜인 데서 일하는 게 좋

았을 거예요. 그런데 선생님은 자유롭게 장사일을 하는 게 더 맞으신 거죠?

이: 아무래도 자유롭게 일하는 게 낫죠. 누가 나한테 지시하고 이런 거보다는 내가 알아서 하고 싶을 때 나가고 거두고 싶을 때 거두는 게 좋아요. 내가 하고 싶은 대로 하잖아요. 장사만 잘 된다면 이것이 편하죠.

전: 어떻게 보면 관심사도 다양하고 호기심도 많고 그렇네요.

이: 아무래도 그렇죠.

전: 노는 것도 좋아하세요?

이: 노는 것도 좋아해요. 근데 놀자고 공사를 치거나 하지는 않거든요.

전: 그래요? 맛집 찾아다니거나 어디 가서 놀자고 계획을 짜고 하지는 않아요?

이: 그렇게는 안 해요.

전: 혹시 나가면 돈을 써야 해서요?

이: 그것도 아니고. 돈이야 써야죠. 그냥 닥치는 대로, 부딪히는 대로 먹고 그래요. 우선 내가 잘 모르니까 그래요. 상가도 모르고 뭘 알려고 해도 잘 모르니까.

전: 그러면 시간이 지나서 익숙해지면 많이 다니실까요?

이: 근데 굳이 어디를 가고 싶거나 그렇진 않아요.

전: 의외로 노는 데 있어서 활동적이지는 않네요.

이: 근데 제주도 한 번 가보고 싶고, 중국도 가보고 싶고, 외국도 한 번 가보고 싶은 생각은 있는데 굳이 막 가려고 하지 않거든요. 그니까 '언제간 가겠지.' 이렇게 하고 말아요.

전: 가게 되면 가고, 아니면 말고. 그죠? 어떻게 보면 일해서 돈을 버는 것이 선생님한테는 매우 중요한 삶의 위치겠네요. 왜 그럴까요?

이: 돈이 필수라는 인식이 몸에 밴 거죠. 자본주의사회에 와보니까, 한국에 와보니까 더 필수잖아요.

전: 기본적으로 돈을 벌기는 해야 되는데, 특히 젊은 사람들은 여윳돈이 있어서 여행 가는 것보다 일단 할부로 외국 여행을 가고 난 다음에 일을 해서 할부금을 갚자는 마인드를 갖고 있는 듯해요. 아무래도 일만 하면 억울하다고 생각하는 것 같아요.

이: 할부는 좋은 거라 생각하거든요. 우리 북한 같은 곳은 돈을 어디 가서 꾸래도 꿀 수가 없거든요. 돈 있는 사람도 돈을 안 꿔줘요. 담보가 있다고 해도 안 주거든요. 내가 장사를 하면 살 수 있는 물건이 많은데, 돈을 꿀 수 없거든요. 북한은 돈 있는 사람은 더 잘 살게 되고 돈 없는 사람은 못 살게 돼요. 왜냐면 밑돈이 없으니까.

전: 북한은 카드가 없겠네요?

이: 없죠. 다 현금이죠. 여기 한국에서 할부를 하잖아요. 내가 당장 돈이 없지마는 할부로 새 차를 살 수 있잖아요. 얼마나 좋아요. 북한에서는 돈을 모아야만 내가 쓸 수 있고, 돈이 있어야만 뭔가 할 수 있거든요. 근데 여기는 내가 벌 수 있는 능력만 있으면 그걸 담보로 사람들이 할부를 해주잖아요. 그러니까 엄청 좋죠. 근데 내 아들은 할부가 무서워가지고 안 하더라고요. 아들은 할부 나가는 게 싫다고 안 하는데, 나는 장사를 할 생각이라 할부는 무조건 해야 된다고 생각하거든요. 이자가 있겠지마는 그건 극소수고. 그니까 나는 밑돈은 있고 할부를 하는 게 원칙이라고 생각하는데 사람마다 개념이 다르지요. 내 돈이 있는 만큼 쓰겠다는 사람도 있고. 사람마다 다 달라요. 무슨 일이 있을지도 모르니까. 할부할 수 있는 능력이면 난 해야 된다고 봐요.

전: 카드가 없고 할부가 없고 해서, 일단은 돈을 버는 데 열심히 노력하네요.

이: 내 밑천을 까먹으면 안 되니까 그 밑천을 보유하기 위해서 돈 있는 사람은 계속 돈을 벌려고 노력하고 그렇죠.

전: 돈을 쓰는 문화도 다르고 여가를 즐기는 것도 다를 수밖에 없네요. 그러면 한국에 오셔서 좀 바뀌었어요? 할부로 쓸 수 있는 카드도 생기니까 '딸이랑 어디 좀 놀러 가서 옷도 사야겠다.' 이런 마음이 생겼어요? 아니면 북한에서 내가 했던 습관이 그대로 남아 있나요?

이: 할부를 쓰지요. 그런데 좋은 점도 있고 나쁜 점도 있다 보니까. 별로 쓴 게 없는 것 같은데, 매달 할부가 모아지니까 나가는 돈 타산을 잘 해야 되지요. 계산을 잘 해야지, 할부가 된다고 해서 막 끊어놓고 하다보면 마지막에 그걸 긁을 수가 없잖아요.

전: 그것도 내 형편에 맞게 쓰는 게 필요하네요. 그러면 화제를 돌려서 그때 말씀해 주셨던 북한이라는 나라는 아직까지 편견이 많고 고정관념이 많은 거 같아요. 내가 북한에서 왔다는 점이 일하시는 데 있어 차별을 받는다고 생각하시나요?

이: 내 선입견이죠, 왜 그러냐면 내가 대동강 맥주집을 운영하니까 "북한에서 왔어요" 이렇게 물어봐요. 그럼 "대동강에서 왔어요."라고 말해요. 이렇게 말하는데 내 딴에는 선입견이지. 그래가지고 북한이라는 것에 관심을 가져서 사람들이 더 좋은 것도 있고, 팁도 주고 그런 것도 있어요. 사실은 북한이라는 그 이미지가 안 좋잖아요. 관심을 받는 건 좋지마는 그 관심을 받는 뒤끝이 안 좋을 것이라고 생각하니까 좀 마음이 불편하죠. 북한이라 해서 차별받거나 이런 건 없었어요. 그런데 대화가 안 될 때가 있어요. 왜냐면 북한은 우리가 자라온 환경 같은 것을 차단시키잖아요. 세계를 다 열지 않잖아요. 우리가 닫힌 곳에서 살다 보니까 배운 것이 없고 본 곳도 별로 없잖아요. 세계의 정치, 경제, 문화 이런 게 다 있잖아요. 그런 것을 알 수 있는데 우리는 딱히 아무것도 모르잖아요. 닫혀 있었으니까. 그래서 사람과 대화를 하려고 하면 안 되거든요. 뭔가 폭넓게 대화하고 싶은데 안 돼요. 그러면 사람들은 "아, 북한이 이렇구나."라고 느끼거든. '북한사람들은 아무것도 모르는구나.' 이렇게 느낄 거예요. 그때마다 싫거든요. 그게 내 잘못은 아니잖아요. 북한 사람이기 때문에 할 수 없는 건데. 어쨌든 이미지가 나빠질 수밖에 없죠. 북한 사람들은 아마도 뭐든지 떨어진다는 생각을 할 수밖에 없잖아요.

전: 그러면 이제 앞으로 일하실 때 내가 북한에서 왔다는 말씀을 안 하시겠네요?

이: 네. 그렇게 하고 싶어요.

전: 말투 때문에 힘들어하시는 분들이 많은데, 그게 쉽게 고쳐지지가 않아요. 특히 북한 억양은.

이: 말투 고치기가 쉽지 않죠. 내가 몇십 년을 거기서 살았는데.

전: 그러면 아예 거꾸로 "내가 북한에서 왔다." 이렇게 당당하게 오픈해놓으면 어때요? 그러면 선생님한테 손해 보는 게 많을까요? 한국사회에서요.

이: 손해 보는 게 많죠. 엄청 많죠. 애들은 더 할 것이고. 남한 애들은 "북한에서 왔어요?" 그러면 "그래."라고 답하고는 그다음 말을 안 하려고 한대요. 왜냐면 '내가 굳이 북한애하고 대화할 일이 뭐 있겠냐?' 싶어서 그렇다는 거예요. 그니까 애들 자체도 오픈할 필요를 느끼지 않고 숨기고 있잖아요. 친구들끼리 일단 사귀다가 나중에 "사실은 나 북한에서 왔어." 이런 것은 괜찮은데, 처음부터 "난 북한에서 왔어," 그러면 애들이 단톡방에서도 그 북한 친구를 빼놓고 대화를 한다잖아요.

전: 그런 일들이 되게 많죠. 편견이나 선입견이 있으니까. 다 말하기도 그렇고, 참 이 문제는 어려운 것 같아요. 그렇다고 내가 아예 말을 안 하자니 말투에서 티가 나니까 불편하고. 선생님 같은 경우는 성격 자체가 명확하시니까 오히려 나은 거 같은데요.

이: 그렇진 않고 대화해 보면 사람들이 좋아하거든요. 그 사람이 웃겨서 대화도 하고 그렇잖아요. 그런데 내 자체가 북한 사람이라고 안 알려졌으면 좋겠다는 생각이요. 그렇다고 내가 그걸 속일 일은 없잖아요. 내가 솔직히 북한에서 거지처럼 살다 온 사람은 아니니까 그렇게 생각 안 해봤거든요. 근데 또 대화를 해보면 어느 정도 상대를 알잖아요. 그래도 일반적으로 대화가 되니까 괜찮죠.

전: 어쨌든 내 정체성이 있는 거네요. 내가 북한에서 왔다는 것을 의식 안 할 수도 없고.

이: 그렇죠.

전: 내 뿌리가 또 거기니까. 좋아요. 그러면 〈괜찮은 일〉에 세 가지 요소를 꼽는다면 어떤 거를 뽑으시겠어요? 어떤 조건이 충족됐을 때 '괜찮은 일이다.'

라고 할 수 있을까요?

이: 그냥 스스로 할 수 있는 자영업 같은 거를 할 때요.

전: 왜요?

이: 그냥 내가 하고 싶을 때 그 일을 하고 싶어요. 누구의 지시 없이 말이죠.

전: 그니까 선생님은 '자유'도 중요하네요. 아침에 일어나서 병원 가고 싶을 때 가고, 타일 공사를 하게 되면 내가 자유롭게 할 수 있고. 선생님한테 중요한 요소네요. 나머지 두 개는요?

이: 월급이 괜찮은 직업이겠죠. 월급이 좋으면서도 육체는 편안한 직업. 아마도 모든 사람이 원하겠죠.

전: 마지막 한 가지 요소는 어떤 걸까요?

이: 마지막 한 가지는 내 능력으로 어떤 일을 하는데, 그것에서 보람을 느낄 수 있는 거요. 예를 들면 내가 재간이 있는데 그것을 써먹을 수 있잖아요. 자기 재능은 다 귀하지마는 그 재능을 써먹지 못하잖아요. 근데 내가 어떤 직장에 들어가서 일하는데, 내 재능이 발휘될 때 그 직업이 좋을 거 같아요. 어떻게 보면 내가 말을 잘하잖아요. TV 나가면 말을 잘할 수 있어요. 근데 실제로 TV 방송에 나가면 그게 보람이 있는 거죠. 또 어떤 사람은 손재간이 있다고 치면 무엇을 만들어낼 때 빛이 나는 직업이잖아요. 그럴 때 보람을 느끼겠죠.

전: 내가 잘할 수 있는 일을 해서 보람을 느끼고 긍지를 느낄 때 괜찮다고 생각하시네요.

이: 인정받는 직업이 좋을 거 같아요.

전: 어떻게 보면 인정도 못 받고 돈도 많이 벌고, 사회적으로도 안정이 된 상태라는 거네요.

이: 기본은 인정받는 게 제일 좋다고 생각하거든요. 돈도 지금 없어서 그렇지, 막 굴리다 보면 일정하게 먹고는 살잖아요. 돈도 어느 정도로 원할 때까지 일정하게 벌어지면 의미가 없잖아요. 그러니까 가장 우선은 내가 인정받을

때라는 거죠. 그때가 제일 행복할 거라고 생각해요.

전: 인정이 중요해요? 돈이 많은 게 좋지 않아요?

이: 북한에서는 나를 알아주고 인정해줬잖아요. 내 존재가 거기에서는 확실히
있었죠. 밖으로 나가면 내가 누군지 사람들이 다 알잖아요. '나'를 긍정해주
고 인정해주죠. '나'라는 사람이 있었잖아요. 근데 여기 와보니까, 존재감
이 없으니까 '나'라는 존재감이 바닥이잖아요. 그니까 내 삶에 의미가 없지.
그냥 먹고 사는 데 충족하고 나 혼자 향락을 느끼고 그랬죠. 그보다도 '나'
라는 존재감을 지킬 때, 내 존재감이 있을 때가 가장 좋아요. 그걸 지킨다는
게 이 땅에서 힘들겠지마는 그나마 그걸 할 수 있으면 내가 어떤 무리에 들
어가서도 인정받을 때가 가장 행복할 거 같아요.

전: 이 사회에서 존재 가치를 느끼는 일을 하면 사람들이 나를 인정해주니까
좋은 거네요. 내 존재감이 느껴질 때 살아있다고 느끼는 거네요.

이: 그게 가장 인생을 살면서 느끼는 행복이죠.

전: 어떻게 보면 돈도 중요하지마는, 번 돈으로 내가 뭔가 할 수 있다는 자존감
이 높아져서 좋은 거네요. 아때 돈은 수단에 불과하게 되네요. 일단은 사람
한테 인정받는 게 크네요. 그런 쪽으로 개발할 수 있는 직업을 구상하면 좋
겠네요.

이: 내가 나중에 돈이 많아지면 후원을 하든가 좋은 일이라도 할 겁니다. 뭔가
를 해야만 삶이 풍요롭게 느껴질 것 같아요. 그런 생동감을 찾아야만 할 것
같아요. 생각해보니까 교회에 나가면 언니들이 여기저기 찾아다니면서 설
교하잖아요. 그 언니들이 왜 그러는지 이해가 되거든요. 처음에는 '왜 저런
일을 할까', 그랬는데, 그 과업도 자기만의 낙이라 생각해요. 그래서 조금씩
이해되기 시작해요.

전: 봉사나 기부도 하고, 아예 돈을 받지 못해도 움직이잖아요. 그런 거는 고향
에 별로 없죠?

이: 전혀 없어요. 북한에서 기부라는 거는 김일성 동상을 짓거나 할 때 나를 알
아달라고 하는 것이지, 고아들이 불쌍해서 하는 것은 없거든요. 다 내 명예

와 나를 위해서 기부하죠.

전: 꽃제비들이 길거리에 많이 돌아다니고 하잖아요. 밥을 제때 못 먹는 애들도 있고. 그러면 그들한테 뭐라도 주지 않아요?

이: 주지요. 근데 그거는 기부라고 보기 어렵고, 몇 푼 쥐어주는 정도죠. 푼돈을 준 거지, 기부하고는 달라요. 목돈을 주지는 않죠.

전: 그러면 앞으로 내가 일할 때 '이것만큼은 신조로 지켜야겠다.'라는 게 있어요? '하루를 쉬면은 열흘을 굶는다.'라는 정신 같은 거요. 그런 거 있으세요?

이: 그런 건 없어요. 정신력 가지고 살 나라가 아니니까. 정신력을 세운다고 해서 살 수 있는 것은 아니잖아요. 하겠다고 해서 되는 게 아니잖아요. 나를 내려놓고 하나하나 배우면서 하든가, 아니면 내 적성을 찾아가든가 해서 내게 맞는 걸 찾아야죠.

전: 어떻게 보면 정신력 하나만으로는 이 땅에서 먹고 살기가 힘들다는 얘기네요.

이: 힘들어요. 절대로 안 돼요. 근데 일을 하지 않으면 내가 살 수 없잖아요. 그니까 임의로 생각하면 안 돼요. 그냥 자신을 바닥에다 내려놓고 바닥부터 다시 시작해야 돼요. 억울하게 생각할 필요가 없어요. 일단 와보니까 현실이 그렇게 돼 있는 거잖아요.

전: 마음을 내려놔야 하는데 그게 잘 안 되니까 짜증나고 화가 나는 거네요. 일단 자신을 내려놓고 그다음에 내가 뭐를 할지 찾고, 그다음에 또 하나씩 문화도 살피면서 도전해야겠네요. 어떻게 보면 한국에서는 마인드 컨트롤이 더 필요할 수도 있겠어요. 전 세계적으로 워라밸을 꿈꾸는 사람도 많잖아요. 사람이 어떻게 일만 하냐고 그러잖아요. 핀란드나 북유럽에서는 일하는 시간도 줄이고 그래요. 혹시 '여가'에 대해서는 어떻게 생각하세요? 휴식 비슷한 거요.

이: 나는 금요일까지 일하고 토요일, 일요일에 휴식하잖아요. 그때 어디 놀러 가잖아요. 난 그게 해소가 안 되더라고요. 그렇게 하는 게.

전: 왜 해소가 안 될까요?

이: 놀러 가면 좋긴 한데, 그걸로는 쌓인 게 해소된다는 생각이 안 들더라고요. 아직까지는 내가 적응을 잘 못한 거 같애요. 놀다 와도 일은 쌓여 있고 하니까 피로가 풀렸다는 감을 못 찾겠더라구요.

전: 그러면 언제 어떤 걸 할 때 피로가 풀려요?

이: 아직까지 그런 건 못 느꼈어요.

전: 어떤 사람은 교회 가서 기도하고, 명상도 하고, 운동이나 산책도 하고, 등산도 하잖아요. 스트레스가 없어요?

이: 스트레스를 푼다기보다도 그냥 안고 그렇게 살고 있죠. 또 크게 스트레스 쌓였다고 생각을 안 하는 것도 있고요. 그냥 일상이죠. 내가 이러니까 이렇게 해야 하고, 또 그냥 그기 그냥 그렇고 하니까 왔다 갔다 하고, 뭔가를 하려고 '확' 해서 하는 것도 없고. 내 생각에 마음이 안 드는 게 있을 수 있잖아요. 그런데 그거를 다 생각하면서 뭐를 어떻게 해보겠다고 하는 게 스트레스잖아요. 그런데 그게 다 그냥 일상이에요. 한순간에 희열을 느낀다고 해도, 그게 다 순간에 사라지잖아요. 그 순간이나마 잊어버릴 수 있겠지만은 다시 일상으로 돌아오면 그걸 다시 가져오는 거니까.

전: 그런데 선생님도 모르게 스트레스를 관리하는 부분이 있는 거 아니에요?

이: 아, 그렇게 되는 거 같애요. 스트레스를 많이 쥐고 있는 사람이 아니라고 생각해요. 내가 직설적이거든요. 그니까 심각한 거를 머리에 안 두거든요. 굳이 필요 없는 생각을 해가지고 머리 아프게 하지 않아요. 그냥 흘려보내니까 스트레스를 느끼고 있지 않지요.

전: 그니까 스스로 뭔가를 막 쌓아놓고 끙끙 앓고 그런 스타일은 아니시네요. 어떻게 보면 좋은 성격이네요.

이: 그렇죠. 그리고 뒤끝이 없으니까요. 우울증이라든가 이런 거는 절대로 없지요.

전: 뒤끝 없이 그 자리에서 대놓고 솔직하게 얘기하는 스타일이네요. 어떻게

보면 되게 잘 지내시네요. 선생님의 소통 방식이 참 좋은 방법인데요. 한국 사회에서 북한 사람이라는 것도 불리할 때가 있는데, 게다가 여성이라서 일하는 데 어려운 점도 있을 것 같아요. 한국사회에서 여성으로 살아간다는 것은 어때요?

이: 오히려 남자보다 여자가 낫다고 생각해요.

전: 남한에서요? 왜요?

이: 남자보다 여자가 낫잖아요. 어떤 면에서는 남자들이 엄청 힘들잖아요. 공사장에 나가서 일하고 하는데. 그러니까 아무 사회나 같지요. 여자가 어느 위치에 서는가에 따라서 다르잖아요. 여자라고 해서 원래 집안일만 하는 게 아니잖아요. 각자가 돈을 버는 거지요. 그렇잖아요. 여자로 태어나서 시집을 잘 가면 잘 살 수 있는 기고, 시집을 잘못 가면 맞벌이하면서 사는 기고, 능력이 없으면 또 힘들고 험한 일을 할 것이고. 그렇잖아요. 그래도 여자가 남자보다 낫다는 생각하죠.

전: 밥하고 빨래하고 결혼식 때 상차림 이런 것은 여자들이 많이 하니까요. 그런 거에 비하면 여기는 좀 남자들이 도와주는 것도 있고, 다 하지 않더라도 평등하게 하잖아요.

이: 모든 게 쉽잖아요. 우리 북한에서는 여자가 나무 때고 불 때고 빨래하고 다 하잖아요. 그런데 여기 와서는 엄청 쉽잖아요. 그리고 여자가 궂은일을 하지 않고 살 수도 있잖아요. 여자가 살기엔 괜찮은데요.

전: 여성으로 일하면서 특별히 극복하기 어려웠던 점이나 이런 거는 없네요. 북한보다는 양성평등이라고 볼 수 있네요. 남자들이 애기도 돌봐주고 가사를 도와주고 분담하고 하니까요. 이런 부분에서도 특별히 여성이라서 불리한 점은 없다고 생각하시네요. 그러면 선생님의 삶에서 가장 중요한 세 가지를 꼽으라고 할 때는 어떤 거를 들 수가 있어요?

이: 가족이죠. 저는 가족이지요. 가족이 다 화목하게 잘 살았으면 좋겠죠.

전: 나랑 가족을 저울질한다 그랬을 때는 뭐가 더 중요해요?

이: 가족이 더 중요해요.

전: 나보다? 왜요?

이: 난 자식이 중요하고 가족이 중요하고 그렇죠. 가족을 위해서 뛰고 희생하고 싶은 생각이니까요.

전: 억울하지 않아요?

이: 억울하지 않아요. 그렇게 살았으니까. 어디 가서 뭘 하더라도 가족 생각을 먼저 하거든요. 그니까 나를 먼저 생각하는 게 아니죠. 내가 상품을 팔아보면 물건 사가는 사람이 그래요. 남편 것보다도 먼저 자기 걸 대체로 사요. 여자들이 그래요. 자기 사치를 다 하고, 그 다음에 나머지 가족을 찾거든요. 사람마다 부류가 여러 가지지만. 그런데 나는 가족을 먼저 챙기고 그다음에 나를 챙겨요. 항상 나는 뒤에 있거든요.

전: 어떻게 보면 돈 버는 이유도 가족을 위해서지만 내 사치나 만족 이런 것도 있을 텐데요. 어찌 보면 '내'가 없는 거 아니에요? 이 사회에서나 집안에서도 내 존재가 너무 없는 거 아니에요?

이: 집안에서 내가 없으면 안 된다는 걸 알고 있지요. 내가 없으면 이 집안은 안 된다고 생각해요.

전: 가족이 되게 큰 의미네요. 그럼 가족 중에서도 남편 자식 있잖아요. 순위를 매길 수 있어요?

이: 같이 사는 남편이 그래도 크겠죠. 아마도 같이 사는 남편이 클 것이고, 그다음 자식들이겠지요.

전: 어떻게 보면 되게 헌신적이라고 느껴지네요.

이: 저는 그렇게 살 거예요. 항상 그렇게 살았어요. 북한에서도.

전: 남편을 우선순위에 두는 이유가 있을까요?

이: 남편이 나보다 약자라고 생각해요. 왜냐면 내가 내 주관으로 모든 걸 진행하니까. 우리 집에서는 내가 다 결정해요. 평등이 문제가 아니라, 항상 내가

우위라고 생각해요. 북한에서도 내가 돈을 많이 벌었고 해서, 내가 주도권을 쥐고 있어요.

전: 예를 들어, "내가 돈 벌어오니까 당신이 설거지나 빨래해." 이런 건가요?

이: 그런 건 아니지만, 일단 집안일은 내가 다 끌고 가지요.

전: 이상한게, 내가 끌고 가면서도 남편을 우위에 두는 게 참 신기하네요.

이: 아그렇게 할 수밖에 없죠. 남편이니까.

전: 그러면 집안살림은 누가 해요?

이: 내가 하죠. 남편은 안 하죠. 그런 것에 불만이 없었으니까, 그냥 그렇게 살았으니까. 조금 도와주기는 하는데, 남편이 나가서 하는 일이 힘들잖아요.

전: 아, 힘드니까 그걸 또 해달라고 할 수가 없는 거네요. 어떻게 보면 남편이 나가서 일을 힘들게 하니까 이해해 주는 거네요. 또 고향에서도 늘 그랬으니까. 어떻게 보면 삶에 불만이 있거나 하지 않네요. "내가 설거지 한 번 했으니까, 이번에는 당신이 해." 뭐 이런 것 같은 것은 없네요.

이: 내가 힘들 때는 그렇게 하죠. 서로 맞춰야지, 그걸 요구해서 하면 안 되잖아요.

전: 선생님 얘기 들으니까 반성이 되네요. 저는 그렇지 않아서요.

이: 같이 돈을 벌면 그런 생각이 들긴 하더라구요. "맞벌이하는데 니만 고생하냐?" 이런 생각이 들기도 해요.

전: 그러면 가족이 중요하고 또 두 가지 뭐가 중요해요? 내가 무인도에 갈 때 이것만은 갖고 가야지 하는 거 있어요?

이: 그런 생각은 못해봤는데요. 뭐 일단은 먹을 거 챙겨야죠. 나는 이런 생각을 해요. 무인도 가서도 살 사람은 살고 못 사는 사람은 죽겠지 그래요. 운명이고 팔자니까. 내가 가서 농사를 지어 먹고 살아야지 이런 생각은 안 하죠. 안 되는 걸 억지로 할 필요는 없어요. 사람 운명이 있는데.

전: 단순한 삶을 좋아하나 봐요.

이: 내가 단순해요. 복잡한 거 안 좋아해요. 예를 들어 다른 오락은 하는데, 장구를 못하잖아요. 장구는 너무 힘들어요.

전: 어떻게 보면 여기 사회가 북한보다 복잡해서 머리가 아플 수도 있겠네요.

이: 머리 쓰는데, 굳이 안 되는 머리를 내 머리에 씌워서 될 일이 아니라는 거죠. 그냥 안 될 것은 처지도록 놔둬요. 세부적으로 복잡한 거 싫어해요. 고민도 하겠지마는 굳이.

전: 그래서 인생에서 중요한 것 첫 번째는 가족이고, 또?

이: 내 건강이겠죠. 사람이 건강해야 뭘 할 수 있으니까. 그리고 마지막으로 주변 사람이 좋아야 되겠죠.

전: 사람이 중요하지요. 주변에 어떤 사람이 있는지에 따라 내 운명이 달라지니까 중요하죠. 어른들이 좋은 사람 만나는 게 중요하다고 말씀하시잖아요. 그러면 정부나 사회에 요청할 만한 것이 있나요?

이: 직업훈련 같은 거 시켜주면 좋겠어요. 내가 만약에 '미용을 하고 싶다.' 그러면 미용하는 직업훈련을 시키고 그 장소로 나를 내보내면 좋겠다는 거죠. 내가 '음식을 만들고 싶다.' 하면 요리 학원 같은 곳에 배치를 해주면 좋잖아요. 우리를 요리 잘하는 사람으로 키워서 그 분야에 넣어줬으면 좋겠다는 거지. 북한처럼 배치해주면 좋잖아요. 내가 기술을 키워가지고 졸업하면 배치해야 되잖아요. 기술을 키워서 일할 장소가 정해지면 좋을 거 같애요. 우리는 편안한 직업을 바라지 않아요. 그런 일을 찾으려고도 안 하고. "책상에 앉아서 일할래??" 그러면 안 하잖아요. 일단 내가 하고 싶은 것은 판매하는 거니까, 판매 서비스를 배워가지고 이걸 할 수 있을 정도가 되면 좋죠. 이렇게 해가지고 어느 날 판매하는 곳에 배치가 되면 살 수 있죠.

전: 그니까 자기 능력으로 할 수 있는 일을 배정해주는 것이 필요하네요.

이: 그러니까 좀 키워서 내보내면 좋겠다는 거죠. 근데 지금은 수박 겉핥기 학원만 있어요. 이번에 탈북민 전용으로 '뭐가 있다.' 하잖아요. 근데 사람들은 제대로 못 찾아가요. 지금 정부도 시스템은 있잖아요. 탈북민 전용으로 '뭐 된다, 뭐 된다.' 하지만은 그게 탈북민한테 와닿지 못하거든요. 우리가

뭘 모르잖아요. 그래서 기권하는 경우가 많아요. 그걸 1:1로 접근해가지고 기술을 키워서 내보내주면 좋겠다는 게지요. 근데 그건 우리 욕심이겠지. 어쨌든 국가 정부가 돈을 투자해가지고 탈북인이 미래에 잘 살게끔 현실적으로 적용하면 좋겠어요. 피부로 와닿지 않다는 거야요. 정부가 하는 일은 옳지마는 우리한테 와닿지는 않지요. 정말로 조그마한 거품을 넣어주면 될 수 있지 않겠냐는 거죠.

전: 그니까 상담해 주는 것도 그렇고 정책들이 감동이 없는 거죠.

이: 그래요. 없어요. 그냥 아이 낳아서 내버려 두는 거와 같아요. '니 저절로 살아라.' 하는 거나 같거든요. 탈북민한테 "니 혼자 자라라."고 하면 생활력 있는 사람은 버티고 그렇지 못한 사람은 죽죠. 불쌍한 애들을 다 건져서 제대로 살려주겠다는 마음이 있다면 하나하나 다 건져서 제대로 키워서 내보내죠.

전: 장기적으로 직업을 안정적으로 찾을 때까지 좀 더 전문적이고 체계적으로 지원을 할 필요가 있겠네요. 〈하나원〉에 처음 왔을 때 이런 시스템이 있었으면 좋겠어요? 아니면 〈하나원〉 끝나고 임대주택 같은 곳에 배치받고 나와서 하는 게 좋겠어요?

이: 나와서 해야지요. 왜냐하면 〈하나원〉에서는 아무 정보도 없고, 우리도 모르기 때문에 내가 뭘 좋아하고 어떻게 하는지 몰라요. 나가면 잘할 수 있겠다고 생각하지만 현실은 다를 수 있어요. 그니까 나와서 하는 정책 도우미들 있잖아요. 그 사람들이 도움을 주면 제대로 될 것 같아요.

전: 저도 상담을 하잖아요. 그런데 실제로 보면 형식적으로 끝나는 게 많아요. 그래서 새롭게 인터뷰할 때는 새로 시작해야 하니까 계획을 짜야 해요. 어쨌든 새로운 직업을 찾고 해야 하지만 그런 과정에서 굉장히 큰 방해 요소가 있어요?

이: 방해 요소는 없어요. 그런데 내가 뭘 모르고 하니까 그게 답답하죠.

전: 어떻게 보면 직업 관련해서 되게 많은 정보가 필요하네요.

이: 정보도 필요한데, 내가 그만큼 못 따라가니까 안 된다는 거죠. 만약에 '언제

뭐가 있다더라.'라는 정보를 들었는데, 내가 그 수준을 못 따라가니까 답답하죠. 그런데 그 자질을 내가 갖고 있으면 나도 들어갈 수 있잖아요. 사람들이 요구하는 조건에 내가 못 들어가는데, 가봐야 또 퇴짜 맞겠죠. 그니까 내가 잘 해야 되잖아요. 그래서 교육이 필요하고 실습이 필요하죠. 이 땅에서 살아가기 위해서 정보가 필요해요. 인터넷을 때리면 정보는 많잖아요. 그런데 나한테 해당이 안 된다는 거죠. 요리사를 찾는데 내가 요리사 자격이 없잖아요. 요리사를 하고 싶은데, 능력이 안 되는 거잖아요. 북한에서 일한 것밖에 배운 게 없잖아요. 그러면 어떻게 한다는 거지? 내가 요리할 수 있게 능력을 키워주면 좋겠다는 거죠.

전: 참 쉽지가 않네요.

이: 우리 생각이야 좋지만, 또 정부로서는 그렇게 안 되잖아요. 안 되겠죠.

전: 어쨌든 뭔가 투자하려면 효과가 있어야 되고, 지금은 코로나 때문에 힘든 상황이니까 기다려봐야죠. 또 사람들을 많이 만나시는 것 같진 않네요. 가족 중심적이고 이런 것들이 있잖아요. 그런데 이유가 있었어요? 고향에서도 원래 그러셨어요?

이: 잘 안 만나요. 그런데 고향에서는 사람을 많이 만났죠. 만나야 내 사업 범위가 넓어지니까요. 그만큼 사람 만나는 일이 좋았어요. 그랬는데 여기 와서는 만날 일이 없다고 생각해요. 왜냐면 내가 내려올 때 탈북민이 70명 ~80명 정도 같이 왔잖아요. 그런데 걔들 다 중국에서 살던 애들이에요. 70~80%가. 또 우리하고 생활 방식 자체가 다르고 하니까. 뭔가 말이 통하고 맞아야 하잖아요. 그런데 그것도 어렵고. 그래서 내가 '너희를 알아봤자 좋을 점은 없겠다.' 생각해요. 굳이 대상(상대)하고 싶지 않아요. 그래가지고 〈하나원〉 나오면서도 전화번호 교환한 애들이 하나도 없어요. 내가 그럴 필요를 느끼지 않았어요.

전: 어떻게 보면 그냥 여기 한국 친구들이 더 많은 것이 좋을 수 있겠네요.

이: 여기서 친구를 만들어야지, 한국 와 보니까 고향이 나하고 같은 친구들이 있거든요. 요 친구들하고 교류하고 있어요. 그 친구들하고는 통화하고 그

래요. 몇 명이 안 되지만. 근데 그 뒤에 나는 '이 친구들을 계속 만나야 되나?' 하고 고민해서 북한 애들하고 전화하고 사는 집 동 정보나 이런 거를 안 뽑아내요. 절대 안 해요.

전: 북한에서 같이 오신 분들이라고 해도 뭔가 계층이 있는 것 같네요.

이: 그쵸. 정확히 있죠. 도시에서 잘 산 사람들하고 변두리에서 살았던 사람하고 수준 차이가 있어요. 솔직히 북한이었다면 상대도 안 할 사람도 있어요. 나하고 상대가 된다고 생각도 안 하지만.

전: 말을 섞고 싶은 마음이 없는 거네요. 그러면 새로운 사업을 하면서 알고 지낼 수 있는 사람들을 만드는 게 필요하네요.

이: 그게 맞다고 생각해요. 가족도 친척도 왔으니까 소통해야죠. 내 가족만 모여도 아홉이래요. 손주 조카까지.

전: 사실 가족끼리도 모일 시간이 없는데, 친하지도 않은 사람들이랑 연락할 이유가 없는 거네요.

이: 이유가 없어요. 사실은 그냥 뭐랄까, 그냥 '천하다.' 이런 생각밖에 안 느껴지니까 말을 섞을 필요가 없는 거죠.

전: 어떤 부분에서 그렇게 천하다고 느껴져요? 수준이 낮아서요? 아니면 다른 이유라도? 혹시 거칠어요? 한마디로 무식해보이는 스타일인가요?

이: 뭐랄까. 그쵸. 좀 떨어지죠. 교양이 없어요.

전: 어떠한 느낌인지 알 거 같기는 하네요.

이: 〈하나원〉에서 동기들이랑 같이 나왔잖아요. 근데 애들을 가만 보니까 중국으로 가서 막 살다 온 애들이 많아요. 겉멋만 들어서 왔어요. 속은 탕탕 비었고 허세만 있고 그래요. 그런 것이 막 느껴지니까. 또 내가 걔들이 북한에서 어떻게 살았는지 그 경로를 알잖아요. 그걸 내가 아니까, 상대하고 싶지 않은 거죠. 내가 너무 잘 아니까.

전: 겉멋만 든 사람들이 있기도 하네요.

이: 엄청 많아요. 아마 80%는 그랬을 거예요. 그런 모양새가 뭔가 하면, 여기 오면 다 여기 모습으로 살겠지마는 나는 북한을 생각할 때, 그 사람들의 삶을 다 알거든요. 여기 와서 갑자기 딴 사람으로 그냥 있는 게 이해가 안 돼요. 나는 그것을 인정하고 싶지도 않고요. 그냥 걔들이 하는 말도 받아주고 싶지 않고 그렇거든요. 나만의 생각이지만.

전: 저도 그런 북한분들 만났거든요. 허세만 있고 속은 텅텅 비엉 있는 분들요.

이: 솔직히 북한에 있었으면 밥도 못 먹고 거지처럼 살고 그랬을 거예요. 몸이나 어디다 팔다 온 애들이 여기 와서 세상에서 으뜸 똑똑한 척하잖아요. 유튜브하고 별의별 것 하잖아요. 이전에 몸 팔고 진짜 거지처럼 살고 중물도 겨우 먹고 빈대처럼 굴던 애들이 여기 와 가지고 그러니까 못 봐주겠더라구요.

전: 그런 애들이 많아요?

이: 많아요. 솔직히 말하면 여기 대한민국으로 넘어온 80%가 그렇게 넘어왔거든요. 왜냐면 〈고난의 행군〉 시기에 넘어왔잖아요. 그 당시에는 밥을 못 먹어서 넘어온 애들이 많아요. 그 당시에는 정말 갔다가 다시 잡히면 또 놔주고 그랬어요. 당시 꽃제비들은 그냥 놔뒀거든요. 잡히면 그냥 놔주고. 그래도 성공해서 건너온 애들이니까.

전: 그러면 선생님. 궁금한 게 있어요. 북한에서 오신 분이 저한테 조언을 해주시더라고요. 북한에서 온 사람들 말을 다 믿지 말라구요. 허세 있고 말에 뻥이 심하고, 사기 치는 얘들도 있다구요.

이: 〈모란봉 클럽〉에도 나왔는데 거기에 나온 애들 있잖아요. 우리 세상에서 같이 살던 애들도 있어요. 내가 다 알거든요. 대본이 나오잖아요. 대본이 쫙 나오는데, 거기서 자기 생활을 말하잖아요. 너무 부풀리거든요. 나는 걔들 너무 잘 알거든요. 걔들은 나를 모르지만 나는 너무 잘 알거든. 그런데 갑자기 막 집을 몇 채 샀다고 그러고, 몇 칸짜리 집에서 살았다고 거짓말을 해요. 그래가지고 내가 전화했거든. 너무 못 참아서. "야, 너 언제 이렇게 살았냐? 너무 부풀렸다."라고 해요. "TV라도 얼굴이 뜨겁지 않냐?"고 나는

말하거든요,

전: 부풀려서 말하는 거잖아요.

이: 내가 〈이만갑〉 나갔을 때 처음 봤거든요. 그 사람들 보면 '니가 어디서 어떻게 살아왔는지 알겠다.' 싶어요. '아야, 아싸리 북한 소리 하지 말고 진짜 대한민국에 와서 내가 삶이 이렇게 바뀌었다고 말하면 더 좋겠다.' 싶어요. 북한말 할 때는 너무 어이가 없으니까 그런 게 있죠. 또 "나는 어느 고장에서 살았다.", "해산시에도 어디 어디서 살았다."고 하면 딱 수준이 나오거든요. 딱딱 수준이 찍어지거든요. 왜냐면 지역에 따라서 다르니까. 만약에 해산에서 해장동에 살았냐? 대장동에 살았냐? 아니면 연풍동에서 살았냐에 따라 수준이 딱 나오거든요. 아무리 잘 살았다고 해도 어느 정도라는 게 있어요. 딱딱 떨어지거든요. "너 어디 살았니?"그러면 "어디서 왔다." 그래요. 그러니까 그런 애들하고 내가 말을 섞겠냐고요. 북한이라면 진짜 너와 같이 앉아서 니가 말할 수 있겠냐 싶어요.

전: 그래서 그렇구나. 저는 같이 넘어오신 분들과 친할 줄 알았는데 그렇지 않군요.

이: 물론 친한 애들이 있겠죠.

전: 어쨌든 시간이 돼서 마무리를 해야 할 것 같아요. 인터뷰에 응해주셔서 고맙습니다.

○ 저자소개

전주람(Jun Joo Ram) ramidream01@uos.ac.kr

1979년 서울에서 태어났으며, 성균관대학교 가족(가족관계 및 교육, 가족문화)으로 박사학위를 최종 취득하였다. 서울시립대학교 교육대학원 교수학습 · 상담심리 연구교수로 2017년 7월부터 2019년 6월까지 재직했으며, 현재는 서울시립대학교 교직부 소속으로 〈심리검사를 활용한 심리치료〉, 〈심리학의 이해〉를 가르치고 있다. 아울러 서울가정법원 상담위원으로 2014년부터 최근까지 활동 중이며, 2022년부터는 통일부 통일교육위원으로 활동하고 있다. 지속적인 연구 관심사로는 가족관계, 부부회복, 문화갈등, 남북사회문화 등이 있다. 주요 논문으로는 「50대 부부갈등을 겪는 중년 부부의 변화유발요인과 호르몬 변화에 관한 가족치료 사례연구」, 「20대 이혼을 결심한 신혼기 부부에 관한 가족치료 사례연구」, 「북한이주민과 근무하는 남한사람들의 직장생활 경험에 관한 혼합연구」(공저) 등이 있으며, 저서로는 『절박한 삶』(공저, 2021년 서울대학교 다양성위원회 선정도서), 『20대에 생각해보지 않으면 후회할 것들』(공저, 2022), 『21세기 부모교육』(공저, 2023년 세종도서 학술부문 선정도서) 등이 있다. 2016년 KBS 〈생로병사의 비밀: 뇌의 기적〉 600회 특집에 부부상담사로, 2021년 KBS 통일열차 일요초대석에 출연하였다.

곽상인(Gwak Samg In) gwaksi@uos.ac.kr

1976년 전남 진도에서 출생했으며, 현재 서울시립대학교 자유융합대학 교양교육부 교수로 재직 중이다. 학생들에게 주로 (인)문학을 비롯, 다양한 형식의 글쓰기를 강의하고 있다. 2024년부터 통일부 통일교육위원으로 활동하고 있다. 2002년 제2회 〈사이버문학상〉에 단편소설 「타래」로 입선했으며, 「상처에서 벗어나거나 혹은 공존하거나(1-2)」(『시와 산문』, 2017년 겨울)로 평론 데뷔를 하였다. 주로 현대소설에 나타난 인물들의 심리 분석을 연구해왔으며, 최근에는 소설과 영화, 문화 현상 및 북한이주민과 관련해 연구를 진행하고 있다. 「현대소설에 나타난 문신(tattoo)의 유형과 그 의미」, 「채만식 수필에 나타난 근대 공간 속 타자들의 질병」,

「영화 〈국제시장〉에 나타난 시간과 기호의 서사」, 「황석영의 〈바리데기〉에 나타난 환상 서사」 외 다수의 논문을 발표한 바 있으며, 저서로는 『이병주』(공저, 2017), 『절박한 삶』(공저, 2021년 서울대학교 다양성위원회 선정도서), 『20대에 생각해보지 않으면 후회할 것들』(공저, 2022), 『소통 · 창의 · 공감의 글쓰기』(공저, 2022) 등이 있다.

북쪽 언니들의
강점 내러티브

초판인쇄 2024년 4월 5일
초판발행 2024년 4월 5일

지은이 전주람 · 곽상인
펴낸이 채종준
펴낸곳 한국학술정보(주)
주 소 경기도 파주시 회동길 230(문발동)
전 화 031-908-3181(대표)
팩 스 031-908-3189
홈페이지 http://ebook.kstudy.com
E-mail 출판사업부 publish@kstudy.com
등 록 제일산-115호(2000. 6. 19)

ISBN   979-11-7217-219-0 94330